● 会社で

● 保育園・幼稚園で

地域日本語教室のための
学習者と支援者をつなぐテキスト

いっぽ にほんご さんぽ

暮らしの
にほんご教室
初級3

にほんごの会
宿谷和子
天坊千明
森 桂子 著

スリーエーネットワーク

© 2018 by NIHONGO NO KAI Business Co-operatives, Shukuya Kazuko, Tembo Chiaki and Mori Keiko

All rights reserved. No part of this publication may be reproduced, stored in a retrieval system or transmitted in any form or by any means, electronic, mechanical, photocopying, recording, or otherwise, without the prior written permission of the Publisher.

Published by 3A Corporation.
Trusty Kojimachi Bldg., 2F, 4, Kojimachi 3-Chome, Chiyoda-ku, Tokyo 102-0083, Japan

ISBN978-4-88319-776-7 C0081

First published 2018
Printed in Japan

はじめに

　この本は、『いっぽ　にほんご　さんぽ　暮らしのにほんご教室　初級１』『同　初級２』に続く、地域の日本語教室のための、初級後半の教科書です。

　地域の日本語教室には、日本に定住、または長期滞在している学習者がおおぜい通っています。生活者としての日本語の大切さを実感して、学び続けている人たちです。しかし初級後半になると、いろいろな文法・文型があり、学習者の中にはその多さゆえに挫折してしまう人も少なくありません。また、たくさん文型を習ったけれど、話せるようにはならなかったということもよく聞きます。そこで、本書では週１、２回の限られた時間しかない日本語教室で無理なく学べるように、学習文型はこれまで初級後半として扱われてきたものの中から厳選しました。また数を抑えると同時に、生活の中でよく使われる話しことばを学習項目としていくつか取り入れて、場面に応じて使えるように考慮しました。

　日本に長く住む学習者の生活場面は、地域社会、仕事、友人関係など多様に広がっています。各課の背景となる場面や、そこで扱う話題は、実際の学習者にとって身近で、かつ生活する上で大切だと思われることを選びました。紙面の制限もあり、削ったものもずいぶんありますが、生活情報などの話を発展させる材料が随所にあります。

　また「文字学習」では『初級２』同様、楽しく漢字に親しめるように、同時に語彙も学べるように工夫しました。

　この本は学習者に合わせて、いろいろな使い方をしていただきたいと思っています。そして、学んだ日本語で何ができるのか、何が言えるようになるか、実感していただければ幸いです。

　作成にあたっては、杉並区をはじめ、いろいろな地域で様々なご協力をいただきました。また、岩田一成先生には初級後半の学習文型についていろいろご助言をいただきました。イラストレーターの阿部朝子さんの絵なしには、この本はできませんでした。またスリーエーネットワークの井手本敦さん、溝口さやかさん、中川祐穂さん、佐野智子さんにはたくさんの親身なご助言をいただきました。皆様に心から感謝いたします。

　　　　　　　　　　２０１８年９月　にほんごの会　宿谷和子　天坊千明　森桂子

この本の対象者・構成・内容

Q：この本は、どんな人のための、どんな本ですか。

A：この本は、『いっぽ　にほんご　さんぽ　暮らしのにほんご教室　初級2』を終了、または初級前半の日本語を習得した、地域の日本語教室で学ぶ学習者と、その学習支援者を対象にしています。

日本に長く生活していても、日本語でできることがまだ十分とは言えない学習者がおおぜいいます。生活の範囲が広がるにつれ、場面に応じた日本語表現も必要になってきます。この本は、体系的に初級後半の文型を学ぶと同時に、その文型を使って楽しくおしゃべりができるように工夫しました。またそのおしゃべりを通して、日本の生活への興味を深めたり、生活情報も知ることができるように作りました。

Q：この本の全体の構成はどのようになっていますか。

A：この本は「41課～60課」と「文字学習」の2部構成です。課と同時に、105字の漢字学習ができます。

本の最初の「場面とことば」には、生活に必要な緊急のことば、また身近な場面で使われることばを載せました。また巻末には、文法のまとめ、『初級2』で学んだ「かんじ80」を、そして最後に「漢字105」を掲載しました。

各課の「かいわ」や一部の「かつどう」の音声は当社ウェブサイトで聞くことができます。また新出語彙のリスト（課順・50音順）とその英語・中国語・韓国語・ベトナム語訳、支援者が導入や練習に使えるイラスト、漢字カード、プラスα「暮らしのにほんご」プリントもウェブサイトにあります。

Q：この本をどのように、どのくらいの時間をかけて進めればいいですか。

A：文字学習を含めて、1課あたり1時間半から4時間の時間をかけることを想定しています。地域の日本語教室では1課を1～3回程度で、話題を広げてたくさん話せるように工夫していただきたいと思います。

Q：文字学習はどのようにしますか。

A：文字学習は1課につき5～6つ程度の漢字を学習します。またその漢字を使った語彙も意味や使い方が楽しく学べるように練習を工夫しました。

また、課によっては書く活動もあります。学習者に合わせて、書き取りや作文なども取り入れるといいでしょう。

Q：課の順番通りに学習しなければなりませんか。

A：この本は順番に学べるように課を設定していますが、どの課から始めてもかまいません。地域の日本語教室で学ぶ学習者のレベルやニーズは多様です。その学習者の興味のある課を選んで学習を進めるといいでしょう。

Q：この本ではどんな場面やトピックがありますか。

A：それぞれの課で、全体または部分的に以下のような場面、トピックが出てきます。

場面・トピック

日本語でできること	41 課	災害の備え	51 課
買い物、道順	42 課	ほめる・しかる	52 課
料理	43 課	被害にあう、防犯	53 課
将来のこと	44 課	町会、お祭り	54 課
困ったこと	45 課	パソコン、インターネット	55 課
家の中のトラブル	46 課	電気製品が故障したら	56 課
電車・事故	47 課	学校	57 課
謝る	48 課	子どもの手伝い・習いごと	58 課
健康・病気	49 課	感謝の気持ちを伝える	59 課
地震	50 課	会社の面接	60 課

Q：文法・文型はどのような基準で選んだのですか。

A：生活の中でよく使われるもの、特に話すときによく使われるものを中心に選びました。また、命令・禁止形、受身や使役、条件形なども、さらに上のステップを学ぶうえで大事な文法項目であると考えて、入れてあります。学習文型として取り上げずに例文などで扱っているものもいくつかあります。

Q：トピックの内容をもっと発展させたいとき、どうすればいいでしょうか。

A：当社ウェブサイトに、トピックに関連する楽しい活動を載せました。ダウンロードして使うことができます。詳しくは、ウェブサイトにある、プラスα「暮らしのにほんご」リストをご覧ください。

Q：漢字表記とルビの方針を教えてください。

A：（1）この本では、日本語能力試験旧2級の出題基準の漢字を使った語彙を漢字表記に
しました。

（2）（1）の漢字を含む語彙は、その漢字以外の部分も漢字で表記します。

例：幼稚園

（3）固有名詞はすべて漢字で表記します。

例：京都、上海

（4）生活に必要と思われるいくつかの語彙や、ひらがなでは意味がわかりにくいもの
は、漢字で表記します。

例：妊娠、吐く

ただし、（1）の漢字を使う語彙でも、文型の一部や、かなの方が読みやすいと思われ
るものについては、かなで表記します。

例：仕事の<u>あとで</u>

けが（怪我）

おふろ（お風呂）

（5）課のすべての漢字にルビを振りました。また問題の指示文も、学習者自身が読む
ことを想定して、ルビがつけてあります。

（6）P.187からの「文字学習」の問題3以降のルビの振り方は以下の通りです。

問題3：その課以前の課で学習した単漢字（『初級2』を含む）、およびその課の
問題2で提示した漢字語彙の読みを問うものとし、それ以外の漢字にル
ビを振りました。

問題4以降：その課の学習漢字や、問題2で提示した漢字語彙を除き、すべての
漢字にルビを振りました。

各課の構成と使い方

[41課～60課]

P.188　漢字1　書使歩作立文	この課での学習漢字です。毎回10～15分ほど漢字・語彙学習の時間を組み入れてください。
はじめに おしゃべり しましょう	課の学習に入る前に、おしゃべりをしてリラックスするとともに、その課で学習する内容のイメージを作ることができます。
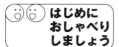	この本には登場人物の生活のストーリーがあります。この短い文章を読むことで、登場人物の置かれた状況や場面がわかります。同時に、その課の学習文型を導入するきっかけにもなります。
②　　　ように　なります。	この課で学習する文型です。 イラストは、意味や使用場面の理解の手助けになります。
れいぶん	この課で学習する文型を使った例文です。例文を読みながら、その場面を学習者といっしょに考えてみましょう。
れんしゅう	活用練習や基本的な理解を促す練習以外の「れんしゅう」は、「れいぶん」の後ろにあります。口頭練習だけでもいいですが、できれば日本語で書けるように支援するといいでしょう。
はなしましょう	学習した文型を道具として、学習者同士、または学習者と支援者が自分のことについて話し合います。
かつどう	「はなしましょう」より、さらに話題を発展させて、楽しくおしゃべりを引き出すことが目的です。また、少し長い文を読んだり、聞いたり、書いたりする活動もあります。学習者のレベルに合わせて発展させてください。

ぶんぽうのまとめ	学習した文型の構造や意味を整理して、示しています。文型理解の確認に使うといいでしょう。
かいわ ◀))-00	◀))のある箇所は当社ウェブサイトで音声を聞くことができます。音声を聞いてリピートする練習をしたり、本を見ないでどのくらい聞き取れるか試してみたりしましょう。また、ことばを一部変更して、学習者の生活に合った会話として練習するといいでしょう。
	普通体の会話と会話以外の発話には、このマークがついています。丁寧体と普通体が混ざっている会話には、ついていません。
どうし	その課の新出動詞のグループと「ます形」、辞書形を載せました。（意味上では新出の動詞でも、形の上では既習のものやスル動詞は省きました。）辞書で調べるとき、また動詞の活用形を学習するときの参考にしてください。
もういっぽ	比較的ゆとりのある学習者向けに、新しい表現や語彙を紹介しています。
支援者の方へ	文法的な留意点、また発展的な活動へのヒントなどが書いてあります。

[文字学習]

漢字	全部で105字の漢字を学習します。 本の最後にある「漢字105」を見て学習の目標にするといいでしょう。最初に漢字学習の動機づけになる絵などを載せました。読み方を問う問題では『初級2』の学習漢字も対象としています。(『初級2』で学習した「かんじ80」の表も巻末にあります。）学習漢字を使った語彙の使い方や意味を問う練習もあります。語彙を増やすことで、日本語学習が深まります。

[補助教材]

以下のものは、当社ウェブサイトで公開していますので、ご活用ください。
https://www.3anet.co.jp/np/books/3084/

音声	41課〜60課	かいわ
	42課	かつどう　P.18
	43課	かつどう（3）P.26
	60課	「敬語」を使った話し方

「れんしゅう」「復習」 「文字学習」の解答 [PDF]	本と同様の表記になっているので、印刷して学習者に配布してもいいでしょう。 42課と43課のかつどうのスクリプトも載っています。
課順語彙リスト （英語・中国語・韓国語・ベトナム語訳付き） [PDF] 50音順語彙リスト [PDF]	英語・中国語・韓国語・ベトナム語以外の言語を使用する学習者のために空欄を設けたファイルもあります。印刷して支援者が翻訳をつけてもいいですし、学習者が記入することもできます。

動詞・導入・登場人物の イラスト（73枚）JPEG	印刷して使用してください。（A6/郵便はがきサイズの用紙への印刷を想定したサイズで作成しています。）ワープロ文書などに貼り付けることもできます。 動詞のイラストはP.42の自動詞・他動詞です。導入のイラストは文型の導入や状況の説明に使うといいでしょう。登場人物のイラストも、導入や練習に使ったり、架空の話し相手として利用したりすると、楽しく活動ができます。
漢字カード PDF	「文字学習」で学習する漢字です。印刷し、カードにして使ってください。 漢字学習の導入や練習に使ったり、ゲームに使ったりできます。カルタとりのようにしたり、何枚か並べてその中からカテゴリー別の漢字を拾い出したりするなど、工夫して使えます。
プラスα「暮らしのにほんご」リスト PDF プラスα「暮らしのにほんご」プリント PDF	印刷して使用してください。いろいろな話題でモジュール的に使ったり、学習漢字以外の生活に必要な漢字や語彙を学んだりすることができます。 課に対応している話題は（ ）に課番号が書いてあります。

目　次

はじめに ……………………………………………………………… (3)

この本の対象者・構成・内容 ……………………………………… (4)

各課の構成と使い方 ……………………………………………… (7)

登場人物 …………………………………………………………… (16)

| | | 漢字 | 🔊)) 〈トラック番号〉 |

---

41 この　漢字が　読めますか ……………………… 2 　　書使歩作立文　　かいわ（1）〈01〉
かいわ（2）〈02〉
　1　可能
　2　[＿＿＿]ように　なります。
　3　[＿＿＿]て　みます。

---

42 トムヤムクンの　もとが
　　　　　　　　　　　　　　　　　　　　　　　店買売肉魚　　かつどう〈03〉
欲しいんですが…… ………………………… 12　　　　　　　　かいわ（1）〈04〉
かいわ（2）〈05〉
　1　[＿＿＿]し、[＿＿＿]し、[＿＿＿]。
　2　[＿＿＿]んですが・んですけど、[＿＿＿]。
　3　地図と　道順の　ことば

---

43 どうやって　作りますか ……………………… 20　　高低安新古　　かつどう〈06〉
かいわ（1）〈07〉
　1　[＿＿＿]ながら
かいわ（2）〈08〉
　2　[＿＿＿]く・[＿＿＿]に　～。
　【1】[＿＿＿]く・[＿＿＿]に　します。
　【2】[＿＿＿]く・[＿＿＿]に
　　　（切ります、混ぜます……）

44 専門学校へ　行こうと　思って　います…… 28 　思帰教習送　　かいわ（1）〈09〉
　　　　　　　　　　　　　　　　　　　　　　　　　　　　　　　　　　かいわ（2）〈10〉
　　1 意向形
　　　【1】□□□う。
　　　【2】〔意向形〕と　思って　います。
　　2 □□□　あと（で）
　　3 こと・もの

45 かぎを　なくして　しまいました……………… 36 　天気雨風空　　かいわ（1）〈11〉
　　　　　　　　　　　　　　　　　　　　　　　　　　　　　　　　　　かいわ（2）〈12〉
　　1 □□□て　しまいました。
　　2 □□□んですか。── □□□んです。

自動詞・他動詞 ……………………………………… 42

46 ガスが　つきません…………………………… 44 　自動開閉止　　かいわ（1）〈13〉
　　　　　　　　　　　　　　　　　　　　　　　　　　　　　　　　　　かいわ（2）〈14〉
　　1 自動詞・他動詞
　　2 〔自動詞〕て　います。

復習（1） ……………………………………………… 52

47 電車で　行った　ほうが　いいですよ………… 54 　駅電急道乗　　かいわ（1）〈15〉
　　　　　　　　　　　　　　　　　　　　　　　　　　　　　　　　　　かいわ（2）〈16〉
　　1 □□□　場合（は）
　　2 □□□ないで・□□□て
　　3 □□□た　ほうが　いいです
　　　　・□□□ない　ほうが　いいです。

48 事故が　あったので、少し　遅れます………… 62 　遠近仕事会社　かいわ（1）〈17〉
　　　　　　　　　　　　　　　　　　　　　　　　　　　　　　　　　　かいわ（2）〈18〉
　　1 □□□ので、□□□。
　　2 □□□ても、□□□。

49 あまり　無理（むり）　しないように　して

くださいーーーーーーーーーーーーーーーー 70　　体重長多少　　かいわ（1）〈19〉
　　　　　　　　　　　　　　　　　　　　　　　　　　　　かいわ（2）〈20〉
　　1 ☐☐☐　かも　しれません。
　　2 ☐☐☐　ように・☐☐☐　ないように
　　　して　ください。
　　3 ☐☐☐　ように　して・☐☐☐　ないように
　　　して　います。

50 心配（しんぱい）するな！　落（お）ち着（つ）きなさい！ーーーーーー 78　　地心意味頭　　かいわ（1）〈21〉
　　　　　　　　　　　　　　　　　　　　　　　　　　　　かいわ（2）〈22〉
　　1 命令形（めいれいけい）・禁止形（きんしけい）
　　　【1】命令形（めいれいけい）
　　　【2】禁止形（きんしけい）
　　2 ☐☐☐　と　いう（☐☐☐　って　いう）　意味（いみ）です。
　　3 ☐☐☐　なさい。

51 何（なに）を　入（い）れて　おきますかーーーーーーーーーーー 88　　場所物持知　　かいわ（1）〈23〉
　　　　　　　　　　　　　　　　　　　　　　　　　　　　かいわ（2）〈24〉
　　1 ☐☐☐　て　おきます。
　　2 ☐☐☐　ように、☐☐☐　ます。
　　3 〔他動詞（たどうし）〕て　あります。

52 ほめられると　やる気（き）が　出（で）ますーーーーー 98　　色白黒赤青合　　かいわ（1）〈25〉
　　　　　　　　　　　　　　　　　　　　　　　　　　　　かいわ（2）〈26〉
　　1 受身（うけみ）　Ⅰ
　　2 ☐☐☐　のに、☐☐☐。

53 安全（あんぜん）の　ために　注意（ちゅうい）して　いますーーー 106　　明暗朝昼夜　　かいわ（1）〈27〉
　　　　　　　　　　　　　　　　　　　　　　　　　　　　かいわ（2）〈28〉
　　1 受身（うけみ）　Ⅱ
　　2 ☐☐☐　ために
　　3 受身（うけみ）　Ⅲ

54 楽(たの)しそうですね ……………………………… 114 　春夏秋冬楽 　かいわ（1）〈29〉
　　　　　　　　　　　　　　　　　　　　　　　　　　　　　　かいわ（2）〈30〉
　　① 〔　　　〕か、〔　　　〕。
　　② 〔　　　〕か　どうか、〔　　　〕。
　　③ 〔形容詞(けいようし)〕そうです。（見(み)た　様子(ようす)を　表(あらわ)す）
　　④ 〔動詞(どうし)〕そうです。（もうすぐ　変化(へんか)する）

55 マリオさんに　聞(き)けば、わかりますよ ……… 124 　便元好有花 　かいわ（1）〈31〉
　　　　　　　　　　　　　　　　　　　　　　　　　　　　　　かいわ（2）〈32〉
　　① 〔　　　〕ば・〔　　　〕なら　Ⅰ
　　② 〔　　　〕なら　Ⅱ
　　③ 〔　　　〕ば　いいですか。

復習(ふくしゅう)（2）…………………………………………… 132

56 エアコンが　故障(こしょう)したようです ……… 134 　工音声理品 　かいわ〈33〉
　　① 〔　　　〕ようです・みたいです。　　Ⅰ
　　② 〔名詞(めいし)〕のようです・みたいです。　　Ⅱ

57 小学生(しょうがくせい)に　教(おし)えるのは　楽(たの)しいです ……… 142 　校友数英強 　かいわ（1）〈34〉
　　　　　　　　　　　　　　　　　　　　　　　　　　　　　　かいわ（2）〈35〉
　　① 〔　　　〕のは　楽(たの)しいです・〔　　　〕のが　好(す)きです。
　　② 〔　　　〕のを　忘(わす)れました・知(し)って　いますか。
　　③ 〔　　　〕のは　〔名詞(めいし)〕です。

58 子(こ)どもに　夢(ゆめ)を　持(も)たせたいです ……………… 152 　働運通洗歌 　かいわ（1）〈36〉
　　　　　　　　　　　　　　　　　　　　　　　　　　　　　　かいわ（2）〈37〉
　　① 使役(しえき)
　　② 〔使役動詞(しえきどうし)〕て　くれます・て　もらいます
　　③ 使役受身(しえきうけみ)

59 赤ちゃんが 生まれたんだって！ ············· 162　　兄弟姉妹夫家　　かいわ（1）〈38〉
　　　　　　　　　　　　　　　　　　　　　　　　　　　　　　　かいわ（2）〈39〉

　　1　聞いた ことを 伝える

　　2　いただきます・くださいます。

　　　　　□□□□て　いただきます・□□□□て　くださいます。

　　3　〔使役動詞〕て　くれませんか・て　もらえませんか。

　　　　　　　　　　　て　くださいませんか・て　いただけませんか。

- -

復習（3）·· 172

- -

60 課長は いらっしゃいますか ················· 174　　性員親正様方　　「敬語」を使った話し方〈40〉
　　　　　　　　　　　　　　　　　　　　　　　　　　　　　　　かいわ（1）〈41〉
　　　　　　　　　　　　　　　　　　　　　　　　　　　　　　　かいわ（2）〈42〉

　　1　特別な　形（尊敬・謙譲）

　　2　お□□□□に　なります。（尊敬）

　　3　お□□□□　ください・ご□□□□　ください。（尊敬）

　　4　□□□□れます・□□□□られます。（尊敬）

　　5　お□□□□します・ご□□□□します。（謙譲）

- -

文字学習 ·· 187

活動　Bシート ·· 229

文法のまとめ ·· 231

登場人物

マリオ デ シルバ
29歳 ブラジル
会社員

中山 ノイ
24歳 タイ
主婦

ラジャ モハンマル
42歳 インド
コック

リー メイリン
33歳 中国
ITエンジニア

田中 春子
48歳 日本
日本語教師

ジョン ブラウン
26歳 オーストラリア
英語教師

スーダ 37歳

アル 6歳　エマン 4歳

秋男 51歳

勇太 15歳

一郎 30歳

ノイの友だち
山本

山本さんの息子
洋介

ノイの家のとなりの
渡辺

ラジャの家のとなりの
林

(16)

41課～60課

P.188　漢字１　書使歩作立文

この 漢字が 読めますか

はじめに おしゃべり しましょう → 日本語がわからなくて、困ったことがありますか。今はどうですか。

> ノイさんは区民センターで水泳教室のポスターを見ています。
> 日本人の女性がノイさんに声をかけました。区民センターによく来る山本さんです。
> ノイさんと山本さんは友だちになりました。

1　可能

泳ぎます　　　　　　　　漢字を 読みます
泳げます　　　　　　　　漢字が 読めます
（泳ぐ ことが できます）　（漢字を 読む ことが できます）

支援者の方へ　「〜ことができます」（31課　初級２参照）

可能動詞

	Ⅰグループ			Ⅱグループ		
		可能動詞			可能動詞	
かいます	かえます	かえる	たべます	たべられます	たべられる
かきます	かけます	かける	ねます	ねられます	ねられる
はなします	はなせます	はなせる	(朝)おきます	おきられます	おきられる
もちます	もてます	もてる	かります	かりられます	かりられる
あそびます	あそべます	あそべる		Ⅲグループ	
のみます	のめます	のめる	(ここへ)きます	こられます	こられる
つくります	つくれます	つくれる	します	できます	できる

41　この　漢字が　読めますか

れいぶん

1) 山本：ノイさんは泳げますか。
　　　ノイ：いいえ、全然泳げません。山本さんは？
　　　山本：クロールと平泳ぎができます。

2) 漢字が読めますか。
　　　――やさしい漢字は読めますが、この漢字は読めません。　[体験無料]

3) どんな日本料理が作れますか。
　　　――味噌汁や肉じゃがが作れます。簡単な料理しかできません。

4) まえはひとりでバスや電車に乗れませんでした。今はもうどこでも行けます。

5) このクーポン券は使えますか。
　　　――はい、お食事の代金が10％引きになります。

6) A：このコンサート、行きたいね。
　　　B：でも、小さい子どもは連れて行けないよ。
　　　A：そうか。残念だなあ。

支援者の方へ　　可能動詞はⅡグループの動詞と同様に活用するので、辞書形は「〜る」の形になります。

れんしゅう ➡ 可能動詞を使った文にしましょう。

例）200円でCDを借りることができます。⇒200円でCDが借りられます。

① 妻はピアノをひくことができます。⇒＿＿＿＿＿＿＿＿＿＿＿＿＿＿＿

② 漢字を覚えることができません。⇒＿＿＿＿＿＿＿＿＿＿＿＿＿＿＿＿

③ コンビニで電話や水道の料金を払うことができます。

⇒＿＿＿＿＿＿＿＿＿＿＿＿＿＿＿＿＿＿＿＿＿＿＿＿＿＿＿＿

④ 区のスポーツセンターでトレーニングマシンを使うことができます。

⇒＿＿＿＿＿＿＿＿＿＿＿＿＿＿＿＿＿＿＿＿＿＿＿＿＿＿＿＿

れんしゅう ➡ 可能動詞を使って、質問しましょう。（　　）の中のことばを使って答えましょう。

例）英語を話します　→　（少し）
　　英語が話せますか。――少し話せます。
　　泳ぎます　　　　　→　（全然）
　　泳げますか。――全然泳げません。

① カタカナを書きます　　　　　　→　（だいたい）

＿＿＿＿＿＿＿＿＿＿＿＿＿＿＿　＿＿＿＿

② 日本語の歌を歌います　　　　　→　（全然）

＿＿＿＿＿＿＿＿＿＿＿＿＿＿＿　＿＿＿＿

③ 夜よく寝ます　　　　　　　　　→　（あまり）

＿＿＿＿＿＿＿＿＿＿＿＿＿＿＿

＿＿＿＿＿＿＿＿＿＿＿＿＿＿＿

④ ご飯を食べます　　　　　　　　→　（何も）

＿＿＿＿＿＿＿＿＿＿＿＿＿＿＿　＿＿＿＿

⑤ マンションでペットを飼います　→　（小鳥しか）

＿＿＿＿＿＿＿＿＿＿＿＿＿＿＿　＿＿＿＿＿＿＿＿＿

はなしましょう ➡ どんなことができるか、友だちに質問しましょう。
答えは、○（できる）△（まあまあできる）×（全然できない）を書きましょう。

質問	答え
例）日本語でメールをします。⇒日本語でメールができますか。	
カタカナや漢字で自分の名前と国を書きます。 ⇒	
日本語で電話をかけます。 ⇒	
漢字で自分の住所を書きます。 ⇒	
インターネットの日本語のサイトを読みます。 ⇒	
自分の家族や趣味について話します。 ⇒	
（自分で質問を考えましょう。） 	

41

この　漢字が　読めますか

5

2 ☐ように なります。

辞書形 + ように なります

泳げるように なります。
話すように なります。

れいぶん

1) 初めは全然泳げませんでしたが、やっと泳げるようになりました。
2) まえはいつも英語で話していましたが、友だちができて、日本語でよく話すようになりました。
3) 漢字をいくつ勉強しましたか。
　——100ぐらいです。今年中に300読めるようになりたいです。
4) 子どもは1歳2か月で歩けるようになりました。今は2歳ですが、最近よくおしゃべりをするようになりました。
5) 近くに新しいスーパーができたね。
　——うん、便利になったね。おいしいワインが買えるようになって、うれしいな。

支援者の方へ
・「～ようになります」は、状態の変化を表す言い方です。前はできなかったことが、今はできるという意味で、「～」には可能動詞、「わかる」「見える」「聞こえる」などを使うことが多いです。前はしなかったことを今はするという意味で、習慣の変化を表すこともあります。
・れいぶん5)「おいしいワインが買えるようになって」の「～て」は理由を表します。

ぶんぽうのまとめ

「～なります（ました）」のまとめ

名詞	中学生になりました。	（初級2　36課）
い形容詞	背が高くなりました。	（初級2　36課）
な形容詞	サッカーが上手になりました。	（初級2　36課）
動詞	英語が話せるようになりました。	
	勉強するようになりました。	

この　漢字が　読めますか

れんしゅう　→　四角の中のことばと「～ようになりました」を使って答えましょう。

例）テレビのドラマがわかりますか。――だいたいわかるようになりました。

① ひとりでどこでも行けますか。――＿＿＿＿＿＿＿＿＿＿＿＿＿＿＿＿
② 日本料理が作れますか。――＿＿＿＿＿＿＿＿＿＿＿＿＿＿＿＿＿＿
③ レストランのメニューが読めますか。――＿＿＿＿＿＿＿＿＿＿＿＿＿＿
④ カタカナのことばが正しく書けますか。――＿＿＿＿＿＿＿＿＿＿＿＿

```
　　だいたい　　いろいろ　　だんだん　　やっと
```

まだ、できません。

はなしましょう　→　日本へ来てから「できるようになったこと」や「するようになったこと」について、友だちと話しましょう。

例）日本へ来たばかりのとき、日本語が全然話せませんでした。今は家族や日本人の友だちといろいろ話せるようになりました。
　　まえは料理をしませんでしたが、今は自分で作るようになりました。

3 ☐て みます。

やって みます。
作って みます。

れいぶん

1) 服を買うまえに、着てみます。
2) この明太子を食べてみませんか。おいしいですよ。
3) アフリカへ行ってみたいです。まだ一度も行ったことがありませんから。
4) このスカートをはいてみてもいいですか。
　　——どうぞ、あちらが試着室です。
5) 駅前に新しいラーメン屋ができたね。
　　——うん、今度行ってみない?

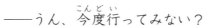　「〜てみます」は「実際にやって試す」という意味です。「〜てみたい」は「〜たい」より控えめな希望の言い方です。

れんしゅう ➡ 絵の中の人は何と言っていますか。「〜てみてください」や「〜てみてもいいですか」を使ったことばを考えましょう。

かつどう

（1）➡文章を読んで、質問に答えましょう。

> 7月7日は七夕です。七夕は星のお祭りです。
> 昔話が伝統行事になりました。この日、幼稚園や学校の子どもたちは、ささをかざります。
> そして、細長い紙に願い事を書いて、ささにつけます。

質問　① 七夕はいつですか。
　　　② 七夕は何のお祭りですか。
　　　③ 紙に何を書いて、ささにつけますか。

（2）➡七夕の願い事を書きましょう。

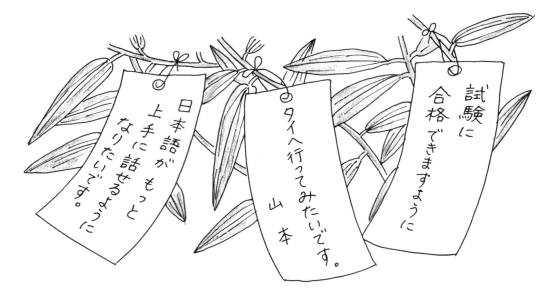

日本語がもっと上手に話せるようになりたいです。

タイへ行ってみたいです。
山本

試験に合格できますように

支援者の方へ　「～ます＋ように」は、願い事やお祈りのときに使う表現です。

かいわ

（1） 🔊-01

ラジャ：ノイさん、水泳教室はどうですか。

ノイ　：とても楽しいですよ。1か月まえから始めましたが、だんだん泳げるよう
　　　　になりました。

ラジャ：へえ、すごいですね。まえは全然泳げなかったでしょう？

ノイ　：ええ、自分でも信じられません。

ラジャ：区民プールに子どもの水泳教室もあると、いいなあ。

ノイ　：そうですね。今度聞いてみますね。

（2） 🔊-02

山本：ノイさん、今度うちへ遊びに来ませんか。いっしょに料理を作って、食べ
　　　ましょう。

ノイ：わあ、うれしいです。何を作りますか。

山本：ノイさんは何がいいですか。

ノイ：天ぷらを作ってみたいです。大好きですが、うちでは一度も作ったことが
　　　ありません。作れるようになりたいです。

山本：ほんとうですか。じゃあ、天ぷらを作りましょう。

ノイ：何かタイ料理も作りましょうか。

山本：ぜひお願いします。ノイさん、作り方を教えてくださいね。
　　　楽しみです。

どうし

ます形	考えます Ⅱ	答えます Ⅱ	かざります Ⅰ	信じます Ⅱ
辞書形	考える	答える	かざる	信じる

支援者の方へ　かいわ（1）「泳げなかったでしょう？」：「～でしょう？」は聞き手に確認する言い方です。

41
この漢字が読めますか

11

P.190　漢字2　店買売肉魚

 42 トムヤムクンの　もとが　欲(ほ)しいんですが……

😀😀 **はじめに おしゃべり しましょう** ➡ いつもどこで買(か)い物(もの)しますか。どうしてそこで買(か)いますか。

山本(やまもと)さんはノイさんの新(あたら)しい友(とも)だちです。山本(やまもと)さんはいい店(みせ)をよく知(し)っていますから、ノイさんはいろいろ教(おし)えてもらいました。ノイさんは、山本(やまもと)さんに聞(き)いたスーパーへ、タイ料理(りょうり)の材料(ざいりょう)を買(か)いに行きます。

1 ☐☐☐し、☐☐☐し、☐☐☐☐☐。

スーパー・コープは　どうですか。

安(やす)いし、魚(さかな)が　新鮮(しんせん)だし、
とても　いいですよ。

普通形(ふつうけい)　＋　し、　普通形(ふつうけい)　＋　し

安(やす)いし、品物(しなもの)も　多(おお)いし、それに　配達(はいたつ)も　して　くれます。
店員(てんいん)も　親切(しんせつ)だし、おいしい　お弁当(べんとう)も　買(か)えるし、いつも　ここで　買(か)います。

――――――――――――――――――――――――――――――
支援者の方へ　「～し、～し」は、いろいろな事柄を並べて言う表現で、2番目の導入文のように「～し」が理由になることも多いです。同じ性質のことを列挙するため、「それに」や助詞の「～も」がよくいっしょに使われます。

れいぶん

1) この店は近いし、いろいろな野菜があるし、それにタイ料理の材料も買えます。
2) ジョンさんは優しいし、英語の教え方も上手だし、子どもたちにとても人気があります。
3) アイスクリームが安いし、きょうはポイントが5倍になるし、ここで買いましょう。
4) 日本で車の運転はしません。道も狭いですし、駐車場も高いですから。
5) いつもどこで服を買う？
　　——インターネットで買うよ。大きいサイズがあるし、出かけなくてもいいし……。

れんしゅう　➡ いろいろな理由を考えて、文を作りましょう。四角から選んでもいいです。

例) マリオさんは 頭がいい し、おもしろい し、みんなに人気があります。

① ＿＿＿＿＿＿し、＿＿＿＿＿＿から、早く寝ます。
② ＿＿＿＿＿＿し、＿＿＿＿＿＿し、＿＿＿＿＿＿から、このレストランが好きです。
③ この店はやめましょう。＿＿＿＿＿＿し、＿＿＿＿＿＿し、それにクレジットカードが使えませんから。
④ もう家へ帰ります。＿＿＿＿＿＿し、＿＿＿＿＿＿し……。

```
頭がいいです    おもしろいです    親切です    きれいです    高いです
まずいです    安いです    おいしいです    疲れました    おなかがすきました
あした試験です    おなかがいっぱいです    眠いです    うるさいです
```

支援者の方へ　れいぶん4)のように丁寧形に「〜し」をつける場合もあります。

はなしましょう ➡ 買い物の方法について、いろいろ話しましょう。インターネットショッピングをしますか。テレビショッピングで買ったことがありますか。生協に入っていますか。

「上野の 店に 電話で 注文します。安いし、配達して くれるし、便利です。」

「1週間に 1度、まとめて 買います。」

2 ＿＿＿んですが・んですけど、＿＿＿＿＿。

「トムヤムクンの もとが 欲しいんですが……。」

「この 後ろに ありますよ。」

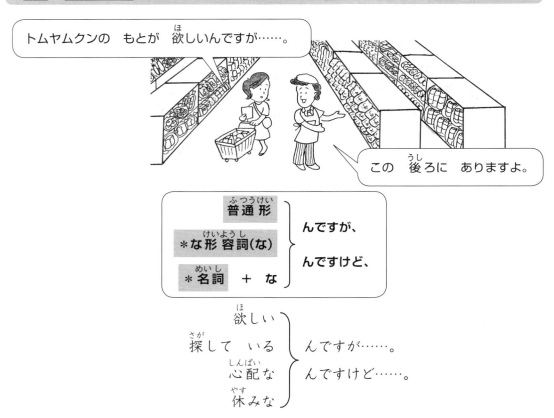

普通形	
*な形容詞(な)	んですが、
*名詞 ＋ な	んですけど、

欲しい
探している 　んですが……。
心配な 　んですけど……。
休みな

トムヤムクンの もとが 欲しいんですけど(、どこに ありますか)。
子どもが 病気なんですが(、仕事を 休んでも いいですか)。

支援者の方へ　人に何かを頼んだり助言を求めたりするときに「〜んですが……」を使って、まず状況を説明します。場合によっては、その前置きだけで相手に依頼したいことが伝わります。

れいぶん

1) あのう、中国料理の調味料を買いたいんですが……。
 ――ああ、このたなの後ろにあります。
2) すみません、1万円札しかないんですけど、両替できますか。
3) 今晩、日本語教室なんですが、5時に帰ってもいいですか。
4) 子どもの服のサイズが合わなかったんですが、取り替えてもらえますか。
 ――はい、では品物とレシートをサービスカウンターへお持ちください。
5) ドラマを見たいんだけど、テレビのチャンネルをかえてもいい?

れんしゅう

➡「〜んですが(〜んですけど)」の文を作りましょう。後ろの文は作らなくてもいいです。

例) この腕時計が欲しいです。
 ⇒ この腕時計が欲しいんですが……。
  この腕時計が欲しいんですけど……。

① 代々木公園へ行きたいです。
② 日本語教室の場所がわかりません。
③ この漢字が読めません。
④ この漢字の意味を教えてほしいです。
⑤ 土曜日は仕事です。

賞味期限(開封前)
20××.05.26

支援者の方へ れんしゅう④「〜てほしい」は、相手の行動についての希望を述べる言い方です。前置きとして使うと、依頼・指示の「〜てください」より丁寧な感じになります。

3 地図と 道順の ことば

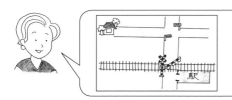

これは 駅から わたしの うちまでの 地図です。
ノイさん、ひとりで 来られますか。

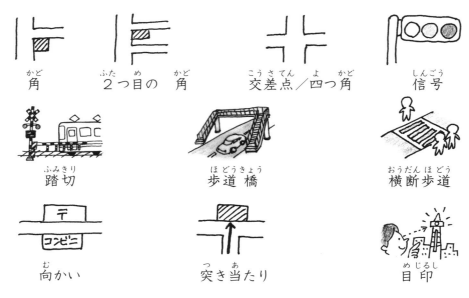

角　　2つ目の 角　　交差点／四つ角　　信号

踏切　　歩道橋　　横断歩道

向かい　　突き当たり　　目印

れいぶん

1) 横断歩道を 渡ります。
2) その 角を 右へ 曲がります。
3) 2つ目の 交差点を 左へ 曲がって ください。
4) 駅の 東口を 出ると、向かいに 交番が あります。
5) 踏切を 渡って、まっすぐ 行くと、突き当たりに 公園が あります。
6) お宅の 近くに 何か 目印が ありますか。
　　――ファミリーレストランの 大きい 看板が あります。
7) この 細い 道を 通って、しばらく 行くと、右側に
　 白い 家が あります。そこが 田中さんの うちです。

れんしゅう ➡ 地図を見ながら（　）の中にことばを入れましょう。

ノイさん、わたしのうちへ来てください。
4月15日（日曜日）　11時
住所：杉並区　高円寺南　6-20-×
TEL　03-3×××-9738

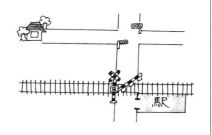

駅を（例　出る）と、右側に（　　　）があります。そこを（　　　）て、20メートルぐらい行くと、信号があります。その角を左へ（　　　）て、まっすぐ行くと、（　　　）にわたしのうちがあります。

かつどう ➡ 近くの駅やバス停からあなたの家までの地図を書いて、行き方を説明しましょう。

ぶんぽうのまとめ ➡ 道順のことばといっしょに使う助詞の「を」です。

～を出ます　～を渡ります　～を通ります　～を右へ曲がります

42　トムヤムクンの　もとが　欲しいんですが……

かつどう

→ バス停から自分のうちまでの道順を説明しています。
地図の中から場所を探して、(　　)にA〜Fを入れましょう。 ◁)-03

例) 田中 （F）
① 鈴木 （　）
② 小沢 （　）
③ 木村 （　）
④ 坂部 （　）
⑤ 村井 （　）

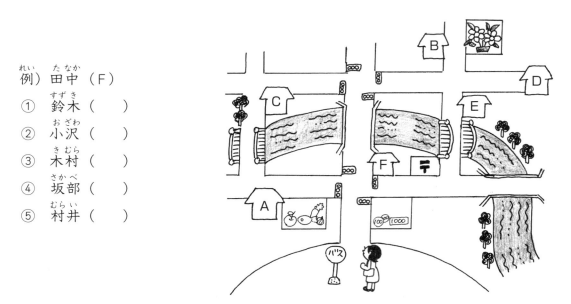

かいわ

（1） ◁)-04

ノイ　　　　　　：あのう、タイ料理の材料が欲しいんですが……。
スーパーの人　　：どんなものですか。
ノイ　　　　　　：トムヤムクンのもととか……。
スーパーの人　　：スパイスの売り場にありますよ。2階のエスカレーターの横です。
ノイ　　　　　　：それから、魚売り場はどこにありますか。
スーパーの人　　：1階の奥です。
ノイ　　　　　　：ありがとうございます。

　　　　　　　　・・・・・・・・

ノイ　　　　　　：すみません、タイ料理に使うんですが、この黒いえびと赤いえびとどちらがおいしいですか。
鮮魚売り場の人　：黒いえびはブラックタイガーです。味もいいし、新鮮だし、こちらのほうがお勧めですよ。
ノイ　　　　　　：じゃあ、これにします。

（2）🔊-05

保健センターの人：はい、こちらは荻窪保健センターです。

スーダ　　　　　：あのう、4歳の子どもがいるんですが、そちらで歯の相談がで

　　　　　　　　　きますか。

保健センターの人：歯科相談ですね。はい、できますよ。

スーダ　　　　　：場所がわからないんですが、近くの駅はどこですか。

保健センターの人：JRの荻窪駅です。荻窪駅の南口を出ると、左の方に商

　　　　　　　　　店街があります。その商店街をまっすぐ進んでください。

　　　　　　　　　300メートルぐらい行くと、左にスーパー・コープがあります。

　　　　　　　　　その先の交差点を左に曲がると、左側に保健センターがあ

　　　　　　　　　ります。

スーダ　　　　　：荻窪駅の南口ですね。

保健センターの人：そうです。交差点の角に保健センターの看板がありますから、

　　　　　　　　　すぐわかりますよ。

スーダ　　　　　：はい、わかりました。ありがとうございました。

どうし

ます形	選びます Ⅰ	合います Ⅰ	取り替えます Ⅱ	かえます Ⅱ
辞書形	選ぶ	合う	取り替える	かえる

ます形	通ります Ⅰ	進みます Ⅰ
辞書形	通る	進む

P.192 漢字3 高低安新古

どうやって 作りますか

はじめに おしゃべり しましょう ➡ あなたの国の料理やお母さんの料理について話しましょう。

ノイさんはトムヤムクンの材料を持って、山本さんのうちへ来ました。
いっしょに料理を作ります。ノイさんは山本さんに天ぷらの作り方を習います。

1 [　　　　] ながら

おしゃべりしながら 作りましょう。

ます形（ま~~す~~）　＋　ながら

おしゃべりしながら 作ります。

支援者の方へ　「AながらB」は、AとBの動作を同時に行うことを表します。主となる動作はBで表します。例：レシピを見ながら料理を作ります。

20

れいぶん

1) わたしはいつもレシピを見ながら料理を作ります。
2) 手巻きずしはいいですね。
   ──みんなで話しながら作りますから、
   　楽しいです。
3) 来週の交流会の相談をしたいんですが。
   ──あしたランチしながら相談しましょう。
4) スマートフォンを見ながらホームを歩かないでください。危険です。
5) わたしは国で働きながら学校へ通っていました。

れんしゅう
➡ 絵を見て、「～ながら」の文を作りましょう。

例）　　　　①　　　　②　　　　③

例）テレビを見ながらご飯を食べます。

はなしましょう
➡ あなたの国では、何かを食べながら街を歩く人が多いですか。

支援者の方へ　「～ながら」は長い期間にわたって、２つのことを続ける場合にも使います。例：働きながら学校へ通います。

43　どうやって作りますか

2 ☐く・☐に ～。

【1】☐く・☐に します。

硬い 野菜を あげる ときは ガスの 火を 弱く します。

い形容詞(い)	＋ く	
な形容詞(な)	＋ に	します
名詞	＋ に	

火を 弱く します。
油を きれいに します。
強火に します。

【2】☐く・☐に (切ります、混ぜます……)

薄く 切ります。
ていねいに 混ぜます。
3分の1に 切ります。

支援者の方へ
・【1】「～く・～になります」は、その状態に変化することを表す言い方ですが、「～く・～にします」は、その状態に変化させることを表す言い方です。
・【2】「～く・～に」を副詞として使う言い方を学習します。

れいぶん

1) 天ぷらをあげるとき、ガスの火を少し弱くします。
2) 玉ねぎを細かく切りますか。——ええ、みじん切りにしてください。
3) あしたお客さんが来ますから、きょうは部屋をきれいに掃除します。
4) この地図を大きくコピーしたいんですが。——2倍にしましょうか。
5) 荷物をもっと軽くしなくちゃ……。
   エコノミークラスの荷物は20キロまでだから。

れんしゅう

→ ここは料理教室です。（　）に合うことばを四角の中から選んで、正しい形に変えて書きましょう。同じことばを何回使ってもいいです。＿＿＿には好きなことばを入れましょう。

（1）→先生は何と言いますか。

① （　　　　　　　）切ってください。
② 皮を（　　　　　　）むいてください。
③ （　　　　　　　）混ぜてください。

野菜は　半分に　切って
ください。

| 薄い | 厚い | 細かい | いい | ていねいな | 半分 | 4分の1 |

（2）→料理ができました。これからみんなで食べます。どのぐらい食べますか。

例）カレーを（多く）してください。

① ＿＿＿＿を（　　　　　　　）してください。
② もっと（　　　　　　　）してください。

| 大盛り | 少な目 | 半分 | 多い | 少ない | 2倍 |

支援者の方へ　「〜なくちゃ」は「〜なくてはいけません」（30課　初級2）の縮約形です。

かつどう

お母さんの味

（1）➡レシピを読みましょう。

国　　　：日本
料理の名前：「かきあげ」

かきあげは　天ぷらです。いろいろな　材料を　混ぜて　作ります。
野菜の　かきあげは　安くて、おいしいですから、母が　よく　作りました。

材料（2人分）：かぼちゃ200ｇ（または、にんじん、さつまいもなど）

玉ねぎ　1/4　個　　桜えび　大さじ5

天ぷら粉　1/2　カップ

水　1/3　カップ　　サラダ油

調味料：つゆ、または塩

作り方：
① 玉ねぎとかぼちゃを小さく切ります。
② 水と天ぷら粉を混ぜて、衣を作ります。
③ ②の中に①と桜えびを入れて、混ぜます。
④ なべに油を入れて、中火で温めます。
⑤ ③を大きいスプーンにのせて、静かに油に入れます。一度に3個ぐらいずつあげます。
⑥ 薄い茶色になったら、できあがりです。
⑦ つゆ、または塩をつけて、食べます。

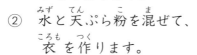

（2）➡「料理のことば」を使って、説明しましょう。

わたしの国の料理

国　　　：

料理の名前：

　　どんな料理ですか。どんなとき、作りますか。

材料　　：

調味料　：

作り方　：

43　どうやって　作りますか

> もういっぽ

料理のことば

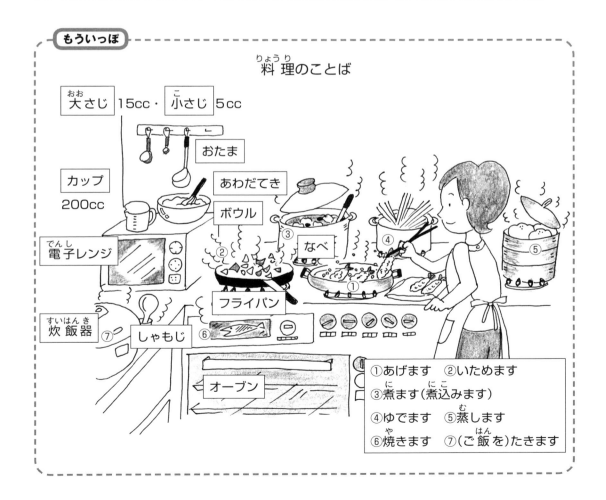

大さじ 15cc・小さじ 5cc
カップ 200cc

おたま / あわだてき / ボウル / なべ / 電子レンジ / フライパン / 炊飯器 / しゃもじ / オーブン

①あげます　②いためます
③煮ます（煮込みます）
④ゆでます　⑤蒸します
⑥焼きます　⑦（ご飯を）たきます

（３）➡会話を聞いて、（　　　）の中に数字やことばを入れましょう。🔊-06

料理の名前：（　　　　　　　　　　　　）

材料　　　：かぼちゃ（　　　）g　　　　玉ねぎ（　　　）個

　　　　　　桜えび　大さじ（　　　）　天ぷら粉（　　　）カップ

　　　　　　水（　　　）カップ　　　　　サラダ油

作り方　　① 玉ねぎとかぼちゃを（　　　　　　）切る。

　　　　　② 水と天ぷら粉を（　　　　　　）て、衣を作る。

　　　　　③ ②の中に①と桜えびを（　　　　　　）て、混ぜる。

　　　　　④ なべに油を入れて、（　　　　　　）で温める。

　　　　　⑤ ③を大きいスプーンにのせて、静かに油に入れて、

　　　　　　（　　　　　　）。

> **かいわ**

（１）🔊-07

インストラクター：ゆっくり腕を上げて、大きく息を
　　　　　　　　　吐きながら、ゆっくり下ろしましょう。

ノイ　　　　　　：先生、この体操は、おふろの中でもできますか。

インストラクター：ええ、おふろの中の体操はとてもいいですよ。おふろの温度を
　　　　　　　　　38度ぐらいにして、ゆっくりやってみてくださいね。

ノイ　　　　　　：ほんとうにおふろはいいですね。一日の疲れが取れます。アル
　　　　　　　　　バイトの日は一日中立っていますから、とても疲れます。

インストラクター：おふろから出たら、すぐストレッチをしましょう。
　　　　　　　　　体が柔らかくなっていますから、あちこちの筋肉が伸ばせま
　　　　　　　　　すよ。

(2) 🔊-08

テレビの 料理番組の先生：

きょうは、なすとトマトのパスタを紹介します。

1. 玉ねぎとにんにくをみじん切りにします。
    ベーコンも細かく切ります。
    なすは1センチぐらいに切ります。

2. フライパンにオリーブオイルとにんにくと
    玉ねぎを入れて、弱火でいためます。

3. いいにおいがして、玉ねぎが薄い茶色になったら、
    なすとベーコンを入れて、3分ぐらいいためます。

4. トマトの缶詰とスープのもとを入れて、
    赤い色がオレンジ色になるまで、弱火で
    ゆっくり煮込みます。
    バジルと塩とこしょうを入れて、味をみます。

5. なべでお湯を沸かします。

6. 塩を大さじ1入れて、パスタをゆでます。

7. ゆでたパスタをトマトソースのなべに入れて、
    混ぜます。これでできあがりです。さあ、どうぞ。

どうし

ます形	通います Ⅰ	あげます Ⅱ	変えます Ⅱ	混ぜます Ⅱ	むきます Ⅰ
辞書形	通う	あげる	変える	混ぜる	むく

ます形	温めます Ⅱ	のせます Ⅱ	いためます Ⅱ	煮込みます Ⅰ	蒸します Ⅰ
辞書形	温める	のせる	いためる	煮込む	蒸す

ます形	焼きます Ⅰ	たきます Ⅰ	上げます Ⅱ	取れます Ⅱ	沸かします Ⅰ
辞書形	焼く	たく	上げる	取れる	沸かす

43 どうやって 作りますか

P.194 漢字4 思帰教習送

44 専門学校へ 行こうと 思って います

はじめに おしゃべり しましょう → 1年後、5年後、将来、何が したいですか。

山本さんの息子の洋介さんがアルバイトから帰って来ました。いっしょに料理を食べながら、将来などについて話します。

1 意向形

【1】 ☐ う。

いっしょに食べない？

食べよう！

食べましょう。

ていねいな会話　　座りましょう　　食べましょう
友だちの会話　　　座ろう　　　　　食べよう

がんばろう！　　　　もっと 勉強しよう！

意向形	Ⅰグループ		Ⅱグループ	
	あい**ます**	あ**おう**	たべます	たべよう
	か**き**ます	か**こう**	ねます	ねよう
	いそ**ぎ**ます	いそ**ごう**	みます	みよう
	はな**し**ます	はな**そう**	(服を)きます	きよう
	た**ち**ます	た**とう**	Ⅲグループ	
	の**み**ます	の**もう**	(ここへ)きます	こよう
	の**り**ます	の**ろう**	します	しよう

28

れいぶん

1) あした富士デパートの夏物のバーゲンに行かない？
   ——うん、じゃあ朝早く行こう。
2) 先生、まだお時間がありますか。お茶でも飲みませんか？
   ——そうだね。あそこの店に入ろう。
3) どうしたらごみを少なくできるかな。考えてみよう。
4) 財布がない。困ったな。どうしよう。

れんしゅう → ていねいな会話を友だちの会話にしましょう。

例) いっしょに歌いませんか。——ええ、歌いましょう。
　　⇒ いっしょに歌わない？——うん、歌おう。

① パーティーに行きませんか。——ええ、行きましょう。⇒
② みんなでおしゃべりしませんか。——ええ、そうしましょう。⇒
③ ここで写真をとりませんか。——ええ、とりましょう。⇒
④ いっしょに浴衣を着ませんか。——ええ、着ましょう。⇒

はなしましょう → ジョンさんとマリオさんは、日本語が上手になりたいと思って、勉強のやり方をいろいろ考えました。皆さんも考えてみましょう。

例) 日本語で日記を書いてみよう。

町の中で知っている漢字を探そう。

日本人の友だちとたくさん話そう。

支援者の方へ
・普通体の誘いの「〜ない？」に対して、同意の返事には意向形「〜う」を使います。れいぶん3）のように相手に働きかけるときや、4）のように聞き手を意識しない独り言でも使います。
・れいぶん2）の「お茶でも」は、軽く例として挙げる言い方です。

【2】〔意向形〕と 思って います。

来年 タイへ 行こうと 思って います。

いつか 専門学校で 勉強しようと 思って います。

れいぶん

1) 就職するまえに、船で世界一周旅行をしようと思っています。
2) もっと日本語を勉強して、専門学校に入ろうと思っています。
3) 来年から中国語を習おうと思っています。となりの国のことばだし、これから仕事でも必要になりますから。
4) 今度の休みはどうしますか。——家の中を少し片付けようと思っています。
5) 早く自分の家が欲しいですから、今は節約しようと思っています。しばらく国へ帰らないつもりです。

れんしゅう
→ 今週の日曜日は何をしようと思っていますか。四角の中からことばを選んでもいいです。

例) 今週の日曜日は（日本語を勉強しよう）と思っています。

日本語を勉強します　本を読みます　友だちと会います　DVDを見ます

はなしましょう
→ あなたは将来何をしようと思っていますか。話しましょう。

例) 国へ帰って、ホテルの仕事をしようと思っています。日本人にも、たくさん来てもらいたいです。

支援者の方へ　「日曜日山へ行きたいです」は単なる希望ですが、「日曜日山へ行こうと思っています」は具体的に実現したい意向・意志を伝えています。「〜たいです」は実現できない内容も言うことができます。れいぶん5）のように「辞書形・ない形＋つもりです」という意向・意志を表す言い方もありますが、ここでは文型としては扱いません。

2　　　　あと（で）

就職する まえに、世界一周旅行を したい。

就職した あとで、旅行できるでしょ！

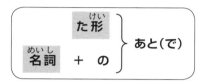

3年間 仕事を した あとで、大学に 入りました。
仕事の あと、飲み会を します。

れいぶん

1) 日本へ来るまえから、この日本語教室を知っていましたか。
　　——いいえ、日本へ来たあとで、友だちに聞きました。
2) 授業のまえに、ミーティングをしますか。
　　——いいえ、授業のあとで、食事しながら話しましょう。
3) みんなが玄関で靴を脱いだあと、きれいに並べました。
4) 金曜日は仕事をしたあと、ボランティア活動をしています。国から来た子どもたちに勉強を教えています。
5) 2011年3月11日、東北地方でマグニチュード9の地震が起きた。50分後、高台に逃げたあと、大きい津波を見た。
6) 牛乳、買って来てくれる？
　　——いいよ。図書館へ行ったあと、スーパーに寄って来るね。

支援者の方へ　「〜あと（で）」は、「〜てから」と同じように時間的な順序を表します。「〜てから」が行為の順番を述べるのに対して、「〜あと（で）」は、ある行為をいつするのか、「〜」のまえか、あとかという視点で述べるときに使います。

専門学校へ　行こうと　思って　います

31

れんしゅう ➡ 日本語教室のイベントで谷中ツアーに行きます。スケジュールを見ながら、（　）に「～まえに」や「～あとで」を入れましょう。

例）「（授業のあとで）イベントの説明をします。帰らないでください。」

「皆さん、9時半に、荻窪駅に集合してください。JRで、日暮里まで行きます。電車に（①　　　　　）、JRの都内一日乗車券を買います。日暮里駅でグループに分かれて、ガイドさんたちと谷中の町を散歩します。散歩（②　　　　　）、ガイドさんの注意がありますから、よく聞いてください。2時間ぐらい古い町を見物（③　　　　　）、交流会があります。ガイドさんたちと楽しくおしゃべりしましょう。
昼食は1時からです。お昼ごはんを（④　　　　　）、ゲームをします。イベントは2時半までです。」

はなしましょう ➡ P.31で、洋介さんは就職するまえに、世界一周旅行をしたいと言っています。お母さんの山本さんは、会社に入ったあと、旅行に行けると言っています。あなたはどちらの意見に賛成ですか。

3 こと・もの

洋介さん、海外で やりたい ことは？

日本で 売って いない ものを 見つけたいです。

$$\left.\begin{array}{l}\text{普通形}\\ \text{*な形容詞(な)}\\ \text{*名詞 ＋ の}\end{array}\right\} \text{こと・もの}$$

楽しい こと　好きな こと
やりたい こと

いろいろな 国の もの
旅行で 見つけた もの

れいぶん

1) わたしの夢は自分の会社を作ることです。
2) 海外旅行に行くとき、おみやげにどんなものを持って行ったらいいですか。
　──その国の人が喜ぶものがいいですね。タイだったら、甘いお菓子かな。
3) わたしの趣味は散歩です。夫の趣味は電車の写真をとることです。
4) すみません、何か書くものはありませんか。──このボールペンをどうぞ。
5) 母はいつも仕事で忙しかったです。それで、小さいときから自分のことは自分でしていました。

れんしゅう ➡ （　）の中に「こと」か「もの」を入れましょう。

例) お仕事はどんな（こと）をしていますか。
　　工場でどんな（もの）を作っていますか。

① どうしてこんな（　　）をしたの？
② 誕生日のプレゼントは何がいい？
　　――みんなでいっしょに遊べる（　　）がいいな。ボードゲームとか……。
③ 日本へ来て、一番困った（　　）は何ですか。
　　――それはやっぱり日本語がよく話せなかった（　　）です。
④ 出張に持って行く（　　）や、しなければならない（　　）をメモします。

かつどう ➡ 40秒スピーチの練習をしましょう。仕事、家族、趣味、行きたい所など、今思っていることを話してください。

わたしの「これから」について

例) マリオさん

　今の 会社の 人も お客さんも とても いい 人たちで、わたしは ラッキーです。でも、わたしには 夢が あります。それは ブラジルの 牛肉を もっと 日本人に 知って もらうこと です。ブラジルの 肉は ほんとうに おいしいです。
　わたしは 来年、食品を 輸入する会社に 転職しようと 思って います。将来 自分で 牛肉を 輸入したいからです。
　実は、日本人の 彼女と 結婚しようと 思って います。そして、自分の 会社を 作ろうと 思って います。

かいわ

（1）🔊-09
ノイ：わたしの両親も夫の両親もだんだん年を取ってきました。
　　　わたしもいつか介護の専門学校で勉強しようと思っています。

支援者の方へ
・れんしゅう①の「～の？」は「～んです（か）」の普通体の形です。(P.39支援者の方へ参照)
・かいわ（1）だんだん年を取ってきました：「～てくる」は発話時の状態へ向かう変化を表します。

山本：ノイさんは偉いですね。ご両親のために介護の勉強を？

ノイ：理由はそれだけじゃありません。たぶん、わたしはこれから日本でずっと生活すると思います。だから、学校で日本人といっしょに勉強したいです。もし、資格が取れたら、日本語に自信がつくと思います。

山本：すばらしいことですね。

（2）🔊-10

ノイ：もしもし、山本さんですか。ノイです。きょうは、ほんとうにありがとうございました。

山本：こちらこそとても楽しかったです。ノイさんのトムヤムクン、おいしかったですね。また作ってみたいです。

ノイ：ところで、お宅にわたしのスマートフォンがありませんか。

山本：スマホ？　ちょっと待って……。部屋にはありませんね。

ノイ：そうですか。

山本：いっしょにタイの写真を見たあとで、ノイさん、スマホをバッグに入れたでしょう？

ノイ：ええ、バッグの中も見たんですが……。

山本：あとで、玄関や門も探してみますね。

ノイ：すみません。よろしくお願いします。じゃ、また。

どうし

ます形	逃げます　II	寄ります　I	分かれます　II	見つけます　II	つきます　I
辞書形	逃げる	寄る	分かれる	見つける	つく

....

支援者の方へ　「Aさんのために」はAさんの役に立つことを目的としてという意味で使っています。

35

P.196　漢字5　天気雨風空

45　かぎを　なくして　しまいました

 はじめに　おしゃべり　しましょう ➡ こんな 困った 経験が ありますか。

> 自分の　かさと、ほかの　人の　かさを　間違えました。

> バスの　中に　荷物を　忘れました。

ノイさんは 山本さんの 家から 帰るとき、スマートフォンをなくしました。うちへ帰ってから、バッグの 中をよく 探しましたが、やっぱりありません。スマートフォンがないと、ほんとうに不便です。ノイさんは 困っています。

1　_____て　しまいました。

> スマホを　なくして　しまいました。

　　　て形　＋　しまいました

　なくして　しまいました。
　落として　しまいました。

支援者の方へ　「～てしまいました」は「困ったことをしました」「残念です」などの気持ちを言いたいときに使います。自分の過失について謝るときにもよく使います。

36

れいぶん

1) 家のかぎをなくしてしまいました。
2) 子どもがたなの戸をこわしてしまいました。
3) きのうの夜中、となりの家のインターホンを間違えて押してしまいました。
4) 先週買ったパソコンがもう故障してしまいました。
　　──保証書を持って来てください。修理は無料でできますよ。
5) さっきこの駅で財布を落としてしまったんですが……。
　　──あそこに事務室がありますから、聞いてみてください。
6) 運動会のリレーで転んじゃった。それでわたしたちのチームが負けちゃった。
　　──それは残念だったね。

もういっぽ

「〜ちゃった」・「〜じゃった」

友だちや家族の会話の中では、よく短い形を使います。

ていねい形	普通形 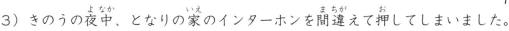	短い形
〜てしまいました	〜てしまった	〜ちゃった
〜でしまいました	〜でしまった	〜じゃった
例)なくしてしまいました	例)なくしてしまった	例)なくしちゃった
転んでしまいました	転んでしまった	転んじゃった

支援者の方へ　「〜てしまいました」には、「全部する」「最後までする」という意味もありますが、ここでは扱いません。

れんしゅう

（1）➡「～てしまいました」の文を作りましょう。
例）携帯を落としました。⇒携帯を落としてしまいました。
① 新しいカーペットを汚しました。⇒＿＿＿＿＿＿＿＿＿＿＿＿＿＿＿＿
② 大事なお皿を割りました。⇒＿＿＿＿＿＿＿＿＿＿＿＿＿＿＿＿＿＿
③ バスの中にかばんを忘れました。⇒＿＿＿＿＿＿＿＿＿＿＿＿
④ パソコンにコーヒーをこぼしました。⇒＿＿＿＿＿＿＿＿＿＿
⑤ うちの犬がとなりの家の子どもをかみました。⇒＿＿＿＿＿＿＿＿

（2）➡（1）の文を使って、いい方法を聞いたり、頼んだりしましょう。
例）携帯を落としてしまったんですが、どうしたらいいですか。

はなしましょう ➡ 日本へ来てから、失敗して困ったことについて話しましょう。

> 友だちの うちへ 行く とき、違う 電車に 乗って しまいました。

> 仕事で 失敗して しまいました。大事な お客さんの 名前を 間違えて しまいました。

> 子どもの 学校は お便りが たくさん あります。大事な お便りの 返事を 忘れて しまいました。

2 ＿＿＿んですか。── ＿＿＿んです。

どうしたんですか。

どうしたんですか。
──家の かぎが ないんです。

れいぶん

1) A：大変です。
   B：えっ、どうしたんですか。
   A：人がホームの下に落ちたんです。

2) どうしたんですか。気分が悪いんですか。
   ——たくさん歩いて、ちょっと疲れてしまったんです。
   大丈夫です。

3) どうしたんですか。——道に迷ってしまって、困っているんです。

4) A：先週はどうして日本語教室に来なかったんですか。
   B：新しい仕事の面接があったんです。
   A：そうですか。仕事が決まるといいですね。

5) ノイさん、ケーキ食べないの？ どうしたの？——あまり食欲がないの。

れんしゅう

➡ 絵を見て、「～んですか」「～んです」の会話を作りましょう。

支援者の方へ
・「～んですか」は、目の前の状況や事情について、相手に説明を求めるときに使います。理由を答える場合にもよく「～んです」を使います。
・「～んです（か）」は「～のです（か）」が変化したものです。れいぶん5）の「～の」は「～んです（か）」の普通体の形です。

かつどう

交番で

ノイさんはスマートフォンをなくしてしまいました。山本さんの家でも駅でも見つかりませんでした。それで、交番へ行きました。

（1）➡会話を読みましょう。（　）の中は自分の携帯電話について言いましょう。

ノイ　　：あのう、スマホをなくしてしまったんですが……。

警察官：いつですか。

ノイ　　：3日まえです。友だちの家を出たあと、駅まで歩いて、電車に乗りました。

警察官：駅で聞きましたか。

ノイ　　：はい、駅にも電車の中にもありませんでした。たぶん道で落としたと思います。

警察官：色や形を教えてください。それからメーカーも……。

ノイ　　：はい、（　　　　　　　　　　　　　　　　　　　　　　　　）

警察官：では、この遺失届に書いてください。

ノイ　　：はい、わかりました。

警察官：これがあなたの番号です。見つかったら、すぐ連絡しますが、インターネットでも調べられますよ。もう携帯の会社には連絡しましたか。

ノイ　　：はい、すぐに連絡しました。では、よろしくお願いします。

（2）➡外でかばんや財布をなくしたら、すぐに警察に言いましょう。そのとき、「遺失届出書」に必要なことを書きます。

支援者の方へ　　当社のウェブサイトにあるプラスα「暮らしのにほんご」3の中に、「遺失届出書」のフォームがあります。

40

かいわ

(1) 🔊-11

ジョン　　　：すみません、先週の金曜日、教室にかさを忘れてしまったんですが……。

受付の人　　：何階の教室ですか。

ジョン　　　：3階の301の教室です。

受付の人　　：どんなかさですか。

ジョン　　　：茶色と緑のチェックです。机の下に置いたんですが、帰るとき、忘れてしまって……。

受付の人　　：受付には届いていませんね。今教室はほかのグループが使っていますから、あとで見てみますね。

ジョン　　　：ありがとうございます。よろしくお願いします。

(2) 🔊-12

スーダ　　　：林さん、すみません。子どもがボールをぶつけて、お宅の植木鉢を割ってしまいました。

林　　　　　：あっ、ほんとうだ。

アル　　　　：ごめんなさい。

林　　　　　：アル君、ここでボール遊びをしないでね。危ないし、うちの大事な植木鉢もあるからね。

アル　　　　：はい。

スーダ　　　：ほんとうにすみません。

どうし

ます形	間違えます Ⅱ	こわします Ⅰ	転びます Ⅰ	負けます Ⅱ	汚します Ⅰ
辞書形	間違える	こわす	転ぶ	負ける	汚す

ます形	割ります Ⅰ	こぼします Ⅰ	かみます Ⅰ	落ちます Ⅱ	迷います Ⅰ
辞書形	割る	こぼす	かむ	落ちる	迷う

ます形	決まります Ⅰ	見つかります Ⅰ	届きます Ⅰ	ぶつけます Ⅱ
辞書形	決まる	見つかる	届く	ぶつける

45 かぎを なくして しまいました

自動詞・他動詞

自動詞（～が）		他動詞（～を）	
	開きます		開けます
	閉まります		閉めます
	出ます		出します
	入ります		入れます
	つきます		つけます
	消えます		消します
	止まります		止めます
	落ちます		落とします
	かかります		かけます

	自動詞 じどうし		他動詞 たどうし
	こわれます		こわします
	割れます わ		割ります わ
	折れます お		折ります お
	切れます き		切ります き
	破れます やぶ		破ります やぶ
	汚れます よご		汚します よご
	こぼれます		こぼします
	倒れます たお		倒します たお

支援者の方へ　自動詞・他動詞は46課で学習します。

43

P.198 漢字6　自動開閉止

ガスが　つきません

はじめに　おしゃべり　しましょう ➡ 家の中で何かトラブルが起きたことがありますか。

夕方の5時です。そろそろ晩ご飯の用意をしなければなりません。ノイさんはみそ汁を作ろうと思いました。でも、ガスがつきません。

1　自動詞・他動詞

あれ？　ガスが　つきません。

自動詞	他動詞
ガス**が**　つきます。	（わたしは）ガス**を**　つけます。
ガス**が**　消えます。	（わたしは）ガス**を**　消します。

支援者の方へ　他動詞は「人が何かをする」という対象に働きかける行為を表しますが、自動詞は「自然に、自動的にそうなる」という動きや動作をする人を問題にしない動きを表します。自動詞の主体は「が」を使って表します。

れいぶん

1) このスイッチを押すと、ガスがつきます。
2) 風でドアが開きました。すみませんが、閉めてください。
3) あっ、切符が落ちましたよ。——すみません。ありがとうございます。
4) レバーを回しましたが、水が止まりません。
5) すみません、電気を消したいんですが、スイッチはどこですか。
   ——ああ、部屋を出ると、自動的に消えますよ。
6) ファスナーが閉まらないよ。あれ、こわれちゃった。

れんしゅう ➡ 助詞の「が」か「を」を入れましょう。

例) エアコン（ を ）つけます。　エアコン（ が ）つきます。
① かばんに本（　　）入れました。
② はえ（　　）部屋に入りました。
③ ガスの火（　　）消えました。
④ ガス（　　）消してください。
⑤ 家を出るとき、かぎ（　　）かけます。
⑥ ドア（　　）閉めると、自動的にかぎ（　　）かかります。

支援者の方へ　「できない」という意味で、よく自動詞の否定形が使われます。
　　　　　　　れいぶん4）水が止まりません（水を止めることができない、止められない）
　　　　　　　れいぶん6）閉まらない（閉めることができない、閉められない）

れんしゅう ➡ 自動詞を使って、絵に合う文を作りましょう。

例） 　　水が出ません。

① 　　エアコン＿＿＿＿＿＿＿＿＿ません。

② 　　本＿＿＿＿＿＿＿＿＿ました。

③ 　　びんのふた＿＿＿＿＿＿ません。

④ 　　猫が外に＿＿＿＿＿＿＿ました。

⑤ 　　＿＿＿＿＿＿＿＿＿ません。

はなしましょう ➡ 今までにどんな家のトラブルがありましたか。

例）引っ越ししたとき、おふろのお湯が出ませんでした。
　　こたつを使ったら、家の電気が全部消えてしまいました。

2 〔自動詞〕て います。

渡辺さん、ガスが つかないんですが、……。

赤い ランプが ついて いますね。
電池が 切れて いますよ。

 ランプが つきました。 → ランプが ついて います。
ドアが 開きました。 → ドアが 開いて います。

れんしゅう ➡ P.42の自動詞を「〜ています」にして、言いましょう。

例) 開きます ⇒ 開いています

れいぶん

1) あそこに 洗濯物が 落ちています。
2) 自転車が 倒れていますよ。
3) 電気が 消えていますから、この 家の 人はもう 寝たと 思います。
4) このカバン、ずいぶん 重いですね。
 ——ええ、辞書とパソコンが 入っています。
5) ノイさんと 一郎さんはうちにいますか。
 ——カーテンが 閉まっているし、車もないし、きっと出かけたと 思います。
6) あれ？ かぎがかかっている。
 困ったなあ。中に 入れないよ。

支援者の方へ 「ランプがついています」などの「自動詞＋ています」は、今より前に瞬間的に起こったことの結果が続いている状態を表します。「今外で鳥が鳴いています」（今続いている行為）や「毎朝走っています」（習慣的行為）とは異なります。

れんしゅう

（1）➡下の絵を見て、「～ています」の文を作りましょう。⑧は自由に作りましょう。

例）洗濯物が落ちています。

① _____ ② _____

③ _____ ④ _____

⑤ _____ ⑥ _____

⑦ _____ ⑧ _____

（2）➡教室の中の様子について「～ています」を使って、話しましょう。

例）電気がついています。

はなしましょう
→ 友だちが教室へ持って来たものについて質問しましょう。

「かばんの 中に 何が 入って いますか。」

「ポケットの 中に 何が 入って いますか。」

かつどう
→ ペアになって、1人はAの絵、もう1人はBの絵(P.229)の説明をしましょう。
そしてAとBの絵の違う所を見つけてください。

例) 男の人が倒れています。

A

46 ガスが つきません

かつどう

（1）➡絵の中の人は何と言っていますか。考えましょう。

①  ②

③  ④

⑤

（2）➡この絵のストーリーを考えて、書きましょう。

今、夜中の12時です。一郎さんは……

> **かいわ**

（1） 🔊-13

一郎：渡辺さん、きのうの夜はすみませんでした。

渡辺：パトカーが来たから、びっくりしましたよ。どうしたんですか。

一郎：遅くまで会社の人と飲んで、うちへ帰ったんですが、かぎを落としてしまっ
　　　て、家に入れなかったんです。ノイは寝ているし、ドアはかぎがかかってい
　　　るし……。

渡辺：へえ、それでどうしたんですか。

一郎：1階の窓が開いていました。それで、そこから入ったんです。

渡辺：ああ、そうなんですか。誰かが一郎さんを見て、泥棒だと思ったんですね。
　　　それで警察に電話をしたんですね。

（2） 🔊-14

一郎　：やっと買い物が終わった。このスーパーはいつも込んでいるね。

ノイ　：安いし、品物がいいからね。

一郎　：あ、この卵、割れている。取り替えてもらおうよ。

ノイ　：あそこのレジがすいているから、聞いてみよう。

　　　　　　・・・・・・・

ノイ　：あのう、すみません。さっきこの卵を買ったんですが、1つ割れています。

店の人：申し訳ありません。すぐお取り替えします。

> **どうし**

ます形	割れます Ⅱ	折れます Ⅱ	切れます Ⅱ	破れます Ⅱ	破ります Ⅰ
辞書形	割れる	折れる	切れる	破れる	破る

ます形	汚れます Ⅱ	こぼれます Ⅱ	倒れます Ⅱ	倒します Ⅰ	込みます Ⅰ
辞書形	汚れる	こぼれる	倒れる	倒す	込む

復習（1）

【1】 ➡四角の動詞を Ⅰ グループ、Ⅱ グループ、Ⅲ グループに分けて、①～⑧に入れ、表を作りましょう。

> いきます　　します　　はなします　　ねます　　（ここへ）きます
>
> わすれます　　のみます　　　とります　　　　みます

Ⅰ グループ

	例)いきます			①		②		③	
ない形		か	ない		ない		ない		ない
ます形		き	ます		ます		ます		ます
辞書形	い	く							
可能		け	ます		ます		ます		ます
意向形		こ	う		う		う		う

Ⅱ グループ

	④		⑤		⑥	
ない形		ない		ない		ない
ます形		ます		ます		ます
辞書形						
可能		ます		ます		ます
意向形		う		う		う

Ⅲ グループ

	⑦		⑧	
ない形		ない		ない
ます形		ます		ます
辞書形				
可能		ます		ます
意向形		う		う

....

支援者の方へ　 Ⅰ グループの活用は「ない形」、「ます形」、「辞書形」、「可能」、「意向形」の順に「あ・い・う・え・お段」に変化します。

【2】➡助詞を入れましょう。

例) 会社 (へ) 行きます。

① いつも5時半 (   ) 会社 (   ) 出ます。会社の前の横断歩道 (   ) 渡って、右の方 (   ) 5分くらい歩くと、商店街 (   ) あります。いつもここ (   ) 買い物してから、うち (   ) 帰ります。

② コーヒー (   ) こぼして、大事な服 (   ) 汚してしまいました。洗剤で洗いましたが、しみ (   ) 消えません。

③ ロシア人の友だちからメールをもらったんですが、ロシア語 (   ) 読めないんです。
――パソコンの翻訳ソフトを使ったら、どうですか。ロシア語を日本語 (   ) 翻訳できますよ。

【3】➡絵に合う「～ています」の文を作りましょう。

①
例) 今話しています。

②
例) Tシャツを着ています。

③
例) 杉並区に住んでいます。

④
（毎日、毎週、週4日…）
例) 週5日、教えています。

⑤
例) 電気がついています。

> 支援者の方へ 『初級2』や46課で学習した「～ています」の使い方を整理してみましょう。
> ①今続いている行為 ②行為をした結果の状態（服装） ③行為をした結果の状態
> ④習慣的行為 ⑤結果の状態（自動詞＋ています）

P.200 漢字7 駅電急道乗

47 電車で 行った ほうが いいですよ

  ➡ 駅の券売機で切符を買ったり、ICカードをチャージしたりしたことがありますか。

きょうマリオさんは出張です。横浜の会社で会議があります。新宿駅からJRで横浜へ行こうと思っています。そのまえに、駅の券売機でICカードをチャージしないと……。

1 　　　　　　場合（は）

定期券を買う 場合は、……

おとな1人と子ども1人の場合は、……

チャージする 場合は、……

支援者の方へ　「ICカードをチャージしないと……」の「〜ないと……」は、「〜ないといけません」の文末を省略した形で、「〜しなければなりません」と同じ意味です。

（切符を）なくした
（カードが）使えない
（予約を）キャンセルしたい   場合（は）、……
特別な
事故の

チャージする 場合は、ここを 押して ください。
子どもが 5歳の 場合は、切符を 買わなくても いいです。

れいぶん

1）切符を2枚買う場合は、このボタンを押してください。領収書が必要な場合は、ここを押してください。
2）電車に忘れ物をした場合は、駅の事務室に連絡してください。

3）次のミーティングは来週の水曜日です。都合が悪い場合は、メールをください。
4）運動会の日の朝、雨だったら、どうしますか。
　　――雨の場合、運動会は日曜日にします。
5）あれは何のマークですか。
　　――非常口です。火事が起きた場合、あそこから逃げてください。

JIS Z 8210:2017

6）12月の日本語能力試験に申し込みたいんですが、どうしたらいいですか。
　　――インターネットで申し込む場合は、JLPTのサイトを見るといいですよ。

支援者の方へ　「場合（は）」の文は、「とき」を使っても同じことが言えます。そのときどうすればいいか、もしそのことが起こったら何をするかなど、対処のしかたを述べるときによく使います。

れんしゅう

（１）➡これはノイさんたちの日本語教室の決まりです。＿＿に合うことばを〔 〕から選んで、正しい形に変えて書きましょう。

〔預けます　必要です　遅れます　休みます　忘れます〕

◆日本語教室の決まり◆

例）遅れる場合は、田中さんに電話してください。
1. ＿＿＿＿＿＿＿＿場合は、田中さんに連絡してください。
2. 教科書を＿＿＿＿＿＿＿＿場合は、受付で借りられます。帰るまえに、必ず返してください。
3. 休んだ日のプリントが＿＿＿＿＿＿＿＿場合は、田中さんに言ってください。
4. 子どもを＿＿＿＿＿＿＿＿場合は、「託児申込書」に連絡先とお子さんの名前、年齢を書いてください。

（２）➡あなたの教室にはどんな決まりがありますか。
＿＿＿＿＿＿＿＿＿＿場合は、＿＿＿＿＿＿＿＿＿＿＿＿＿＿＿＿。

2　□ないで・□て

聞こえないのかな？

気が つかないで 待って いるよ。

事故の アナウンスに 気が つかないで 電車を 待って います。

コートを 着ないで 出かけます。　　コートを 着て 出かけます。

れいぶん

1) 急いでいましたから、行き先をよく確かめないで電車に乗ってしまいました。
2) 新しい地下鉄ができて、便利になりました。大学まで乗り換えないで行けます。
3) 朝早くコートを着て出かけましたが、昼はとても暑くなりました。
4) わたしはレシピを見ながら料理します。母は見ないで作ります。
5) アル、歯、磨いたの？　磨かないで寝ると、虫歯になりますよ。
　　――うん、わかった。磨くよ。

れんしゅう　➡ 絵を見て、「～ないで」「～て」の文を作りましょう。

例) しょう油をつけないで食べます。　しょう油をつけて食べます。

47　電車で　行った　ほうが　いいですよ

　その行為をどんな状態でするかを、「～て」「～ないで」を使って述べます。
「～て」は「その動作が完了した状態で」、「～ないで」は「それをしない状態で」という意味です。

🗣️ **はなしましょう** ➡ あなたはいつも朝何をして会社（学校）へ行きますか。
寝坊してしまったとき、どうしますか。

わたしは 朝ご飯を 食べないで 出かけます。

朝ご飯？

シャワー？

お化粧？

3 ☐た ほうが いいです・☐ない ほうが いいです。

地下鉄？

どうしよう……。

JRで 行った ほうが いいですよ。

| た形 | } ほうが いいです |
| ない形 | |

電車で 行った ほうが いいです。
タクシーに 乗らない ほうが いいです。

れいぶん

1) 横浜までタクシーで行こうと思います。
 ──朝は道が込んでいますよ。タクシーを使わないほうがいいです。
2) すみません、森林公園に行くんですが、次の駅ですか。
 ──次の次の駅で降りたほうがいいですよ。
 そのほうが近いです。 ──森林公園前──森林公園入口
3) 目によくないですから、寝るまえにスマホを見ないほうがいいです。
4) 最近DVDばかりで、映画館で映画を見ていません。
 ──そうですか。でも、「スター・ウォーズ」は映画館で見たほうがいいですよ。
5) あしたも仕事だよ。あまり飲まないほうがいいよ。

れんしゅう ➡ 「～たほうがいいですよ」「～ないほうがいいですよ」の文を作りましょう。

例）あした5時に起きなければなりません。
 ──（早く寝ます）　早く寝たほうがいいですよ。
　家事も仕事もどちらも大変です。
 ──（無理しません）　無理しないほうがいいですよ。

① のどが痛いです。　──（よくうがいします）
② 新しい仕事をしてみたいです。　──（課長に相談します）
③ 日本語能力試験の聴解が苦手です。　──（何度もCDを聞きます）
④ このひき肉は消費期限が過ぎてしまいました。　──（食べません）
⑤ 友だちがわたしのうわさをしていました。　──（気にしません）

はなしましょう ➡ どんなアドバイスをしますか。

これから　営業に　行くんですか。
ひげを　そった　ほうが　いいですよ。

47　電車で　行った　ほうが　いいですよ

かつどう

→ パソコンやスマートフォンを使って、いろいろな行き方や時間を調べてみましょう。

例）
荻窪駅から 東京駅に 行く とき、JRが いいですか。地下鉄が いいですか。

――地下鉄がいいですよ。安いですから。
――早く行きたかったら、JRに乗ったほうがいいですよ。

かいわ

（1） 🔊-15

（JR新宿駅で）

アナウンス：先ほど人身事故がありましたので、湘南新宿ラインは運転を見合わせております。ご迷惑をおかけして申し訳ありません。

マリオ：あのう、今のアナウンスがよくわからなかったんですが……。

駅　員：湘南新宿ラインは今、止まっているんですよ。

マリオ：えーっ、そうなんですか。湘南新宿ラインに乗らないで横浜へ行けますか。

駅　員：はい。JRの場合は、14番線の電車に乗って、品川で12番線の電車に乗り換えてください。地下鉄の場合は、新宿3丁目で乗り換えます。

マリオ：どちらが早いですか。

駅　員：JRのほうが少し早いですね。

マリオ：わかりました。ありがとうございました。

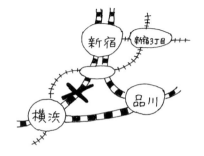

支援者の方へ　地元の路線や駅名を使って（1）のような会話を作ってみましょう。

（2）🔊-16

ジョン：今度の休みに友だちと鎌倉へあじさいを見に行こうと思っています。

田中　：いいですね。電車で行くんでしょう？フリーパスを知っていますか。

ジョン：いいえ、知りません。

田中　：フリーパスは便利ですよ。鎌倉から江の島へ行く電車に何回も乗ることができます。それに、レストランや水族館の料金も少し安くなります。

ジョン：じゃあ、フリーパスを買ったほうがいいですね。

どうし

ます形	申し込みます Ⅰ	確かめます Ⅱ	過ぎます Ⅱ	気にします Ⅲ
辞書形	申し込む	確かめる	過ぎる	気にする

ます形	そります Ⅰ
辞書形	そる

47 電車で 行った ほうが いいですよ

P.202 漢字8 遠近仕事会社

事故が あったので、少し 遅れます

はじめに おしゃべり しましょう
→ 会社や学校に間に合わないとき、どうしますか。

マリオさんが出張で横浜へ行くとき、電車の事故がありました。これから行く会社に急いで連絡します。

1 ☐ので、☐。

おはようございます。いっぽ自動車の マリオです。今、新宿ですが、電車の 事故が あったので、少し 遅れます。申し訳ありません。

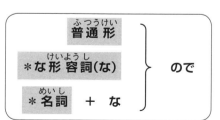

```
        （事故が）あった
     （乗り換えが）わからない
         （駅が）近い       ので
            不便な
            休日な
```

このカードはいろいろな電車やバスに乗れるので、便利です。
バスが来なかったので、駅まで歩きました。
この道は狭いので、運転が大変です。
日曜日なので、電車がすいています。

れいぶん

1) 事故で電車が止まっているので、バスで行きます。
2) 駅のアナウンスがよくわからなかったので、近くの人に聞きました。
3) 娘は卵のアレルギーがあるので、ケーキが食べられません。
4) このデジカメは軽くて、操作が簡単なので、よく売れています。
5) これは大切な書類なので、なくさないでください。
6) 次の新大阪行きの新幹線を予約したいんですが、窓側の席がありますか。
　　——すみませんが、窓側の席は予約がいっぱいですので、
　　通路側の席でもよろしいですか。

48

事故があったので、少し遅れます

支援者の方へ　・「ので」は普通形に接続することが多いですが、れいぶん6)のように丁寧形に接続することもあります。普通形に接続するときより丁寧な表現になります。
　　・れいぶん1)「事故で」の「〜で」は理由を表します。

れんしゅう　→ 四角のことばを使って、「〜ので」の文を書きましょう。⑤は自由に作りましょう。

例) 毎日暑いので、熱中症に気をつけてください。

① 彼は＿＿＿＿＿＿＿＿＿＿＿＿＿＿＿＿＿＿ので、人気があります。

② ＿＿＿＿＿＿＿＿＿＿＿＿＿＿＿＿＿＿ので、2週間ぐらい国へ帰ります。

③ ＿＿＿＿＿＿＿＿＿＿＿＿＿＿＿＿＿＿ので、早退してもいいですか。

④ ＿＿＿＿＿＿＿＿＿＿＿＿＿＿＿＿＿＿ので、たぶん来週の試合には出られないと思います。

⑤ ＿＿＿＿＿＿＿＿＿＿＿＿＿＿＿ので、＿＿＿＿＿＿＿＿＿＿＿＿＿＿＿＿＿。

妹が結婚します　　熱が下がりません　　毎日暑いです
みんなに親切です　　ボーナスが出ました　　国から両親が来ます
父の具合が悪いです　　娘の学校の保護者会があります
かっこいいし、サッカーが上手です　　入管に行かなければなりません

はなしましょう　→ 日本語教室を休む（遅れる）理由を電話で話しましょう。

例) もしもし、田中さんですか。ノイです。
　　すみません、風邪をひいたので、きょうは休みます。

ぶんぽうのまとめ

「から」と「ので」

危険ですから、ここに 入らないでください。
　　　　　　(理由をはっきり言います。)

すみません、頭が 痛いので、早く 帰っても いいですか。
　　　　(「から」より丁寧な言い方です。お願いするときや 謝るときは
　　　　「ので」を使います。)

2 ☐ ても、☐ 。

走っても、間に 合いません。

事故が あったので、少し 遅れます

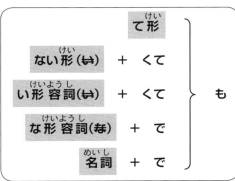

熱が あっても、会社を 休みません。
高くても、この 車が 欲しいです。
不便でも、生まれた 町が 好きです。
雨でも、山に 登ります。

れいぶん

1) 次の特急まで10分あります。走らなくても、間に合いますよ。

2) 道が渋滞しているので、30分待っても、バスが来ません。

3) マリオさんはいくら食べても、太りませんね。わたしはダイエットしても、

やせません。

4) 静かな所に住みたいです。駅から遠くても、いいです。

5) 60歳になったら、仕事をやめたいです。

——わたしは60歳になっても、仕事をしたいです。今の仕事が好きですから。

6) わたし、漢字が嫌い。

——嫌いでも、がんばって。漢字が読めると、便利だよ。

れんしゅう ➡（　　）のことばを「～ても」に直しましょう。

例）電源ボタンを（押します　⇒押しても）、エアコンがつきません。

① 中国語の発音は難しいです。何回（練習します　⇒　　　　　　　　　）、

上手になりません。

② インフルエンザだったら、熱が（下がります　⇒　　　　　　　　　）、

2、3日は家で静かに過ごしたほうがいいですよ。

③ 歯医者が怖いです。歯が（痛いです　⇒　　　　　　　　　）、

歯医者に行きません。

④ 夏休みは店が忙しいので、体の調子が（悪いです　⇒　　　　　　　　　）、

休めません。

⑤ 若いとき4時間しか（寝ません　⇒　　　　　　　　　　）、平気でした。

🗣️ **はなしましょう** → あなたはどうですか。

例) 暑いです。

暑かったら、エアコンを つけます。

エアコンが 好きじゃないので、暑くても、あまり つけません。

(1) → ビールを2本飲みました。あなたは……？

ビールを 2本 飲んだら、……

ビールを 2本 飲んでも、……

(2) → 恋人にもらったシャツの色が好きじゃないです。どうしますか。

シャツの 色が……

😊 **かつどう** 😊 → 友だちと駅で待ち合わせをしましたが、約束の時間に間に合いません。メールの続きを書きましょう。

謝るときの言い方

宛先

件名

本文

遅くなって、ごめんなさい。今、電車の中です。

_____
_____
_____

事故が あったので、少し 遅れます

> **かいわ**

（1）◀))-17

会社の人：はい、アップルモータースでございます。

マリオ　　：すみません、いっぽ自動車のマリオです。今、駅に着きました。急いで、そちらに行きますが、会議に少し遅れると思います。

会社の人：わかりました。時間になりましたので、会議を始めますが、気をつけて来てください。

マリオ　　：ほんとうに申し訳ありません。

（2）◀))-18

渡辺：ノイさん、少し顔色が悪いですよ。どうしたんですか。

ノイ：この間からときどき気分が悪くなります。それに、体がだるくて、いくら寝ても、眠いんです。

渡辺：そうですか。風邪かなあ。

ノイ：熱はないし、のども痛くないので、風邪じゃないと思います。

渡辺：お昼ご飯は食べましたか。

ノイ：ええ、おなかがすくと、気持ちが悪くなります。食べると、治ります。

渡辺：もしかすると、おめでたかな。

ノイ：おめでた？　何ですか。

渡辺：ノイさん、赤ちゃんですよ。

ノイ：えっ！　じゃあ、病院へ行ってみます。どこの病院へ行ったらいいですか。

渡辺：山口産婦人科がいいですよ。山口先生はとても親切です。

> **どうし**

ます形	売れます　Ⅱ	下がります　Ⅰ	過ごします　Ⅰ	謝ります　Ⅰ
辞書形	売れる	下がる	過ごす	謝る

68

✏️ マイノート

48 事故が あったので、少し 遅れます

P.204 漢字9 体重長多少

あまり 無理(むり) しないように してください

はじめに おしゃべり しましょう ➡ 健康に気をつけていますか。日本で病院に行ったことがありますか。
健康診断(健診)を受けたことがありますか。

日本語教室の仲間は、慣れない日本の生活で自分の体のことを心配しています。
最近リーさんは仕事が忙しくて疲れています。

1 ◯◯◯ かも しれません。

最近、やせたし、胃の調子が悪いし、病気かも しれません。

ただ 疲れて いるだけだと 思いますよ。でも、心配だったら、検査した ほうが いいですよ。

```
      普通形(ふつうけい)
   *な形容詞(けいようし)(な)    }  かも しれません
      *名詞(めいし)
```

母が 心配して いるかも しれません。
来週 来られないかも しれません。
あしたは 寒いかも しれません。
大変かも しれません。
病気かも しれません。

70

れいぶん

1) 寒気もするし、熱も高いし、インフルエンザかもしれません。
2) 生がきを食べたあとで、おなかがとても痛くなってしまいました。
　　——もしかしたら、食中毒かもしれませんよ。
3) 冷えてきました。あしたの朝起きたら、雪が降っているかもしれません。
4) 仕事が終わらないので、約束の時間に間に合わないかもしれません。
5) A：すてきなレストランね。
　　B：うん、入ってみようか。
　　A：うーん、でも、高いかも……。

れんしゅう　➡「〜かもしれません」の文を作りましょう。

例) 寒気がします　→風邪をひいたかもしれません。

① 空が暗いです
　→_____

② 子どもの帰りが遅いです
　→_____

③ 宝くじを買いました
　→_____

④ 先週から、マリオさんが休んでいます
　→_____

300,000,000円！
当たる？？？

49

あまり　無理　しないように　して　ください

2 ＿＿＿ように・＿＿＿ないように して ください。

甘い ものや、油が 多い ものは、あまり 食べないように して ください。

がんばって ください！

辞書形
ない形
} ように して ください

甘い ものは 食べないように して ください。
運動するように して ください。
よく 歩くように（して ください）。

れんしゅう ➡ 社長は、会社の決まりについて話しています。「〜ようにしてください」を使った文にしましょう。

例）時間に遅れません ⇒時間に遅れないようにしてください。

① ていねいなことばで話します
　⇒＿＿＿＿＿＿＿＿＿＿＿＿＿＿＿＿＿＿＿＿＿

② 休み時間は電気を消します
　⇒＿＿＿＿＿＿＿＿＿＿＿＿＿＿＿＿＿＿＿＿＿

③ 机の上を片付けてから、帰ります
　⇒＿＿＿＿＿＿＿＿＿＿＿＿＿＿＿＿＿＿＿＿＿

④ お客さんと会うとき、上着を着ます
　⇒＿＿＿＿＿＿＿＿＿＿＿＿＿＿＿＿＿＿＿＿＿

⑤ おじぎをきちんとします
　⇒＿＿＿＿＿＿＿＿＿＿＿＿＿＿＿＿＿＿＿＿＿

支援者の方へ 「〜ように」の前には「食べる・運動する……」などの意志動詞が入ります。努力したり気をつけたりすることを話題にしてください。

れいぶん

1) 最近仕事が忙しくて、運動不足です。
　　——いくら忙しくても、毎日7000歩以上歩くようにしてください。
2) 毎日12時間も働いています。
　　——それは働きすぎです。あまり無理しないようにしてください。
3) 40歳になったら、毎年健康診断を受けるようにしてください。
4) 夏は水分をたくさん取るようにしてください。熱中症に気をつけましょう。
5) （町の決まり）1. ごみは、夜出さないように。
　　　　　　　　2. ネットをかけるように。

れんしゅう

➡ 四角の中のことばを使って、妊娠中の人が「したほうがいいこと」「しないほうがいいこと」についてアドバイスしてください。＿＿＿には、自由に書いてください。

おめでとうございます！　今妊娠9週目です。
1か月に1回、検診に来るようにしてください。

例）リラックスすることが大切です。散歩するようにしてください。

重いもの	散歩	コーヒー	アルコール
野菜	牛乳	靴下	夫婦げんか　音楽　＿＿＿＿

支援者の方へ　「動詞ます形（ます）・い形容詞（い）・な形容詞（な）＋すぎ（名詞）」は、行為・状態などが度を超えている、過剰だという意味です。「～すぎます（動詞）」もあります。

📑 ぶんぽうのまとめ

> 「～てください」・「～ようにしてください」
>
> すみません。その塩を取ってください。
> 　　　　　　　（今、目の前でお願いします。×塩を取るようにしてください。）
> 部屋を出るとき、必ず電気を消すようにしてください。
> 　　　　　　　（いつもお願いします。）
> お酒をあまり飲まないようにしてください。
> 　　　　　　　（「お酒をあまり飲まないでください。」より、ていねいな言い方）

3 ☐ように して・☐ないように して います。

インフルエンザが はやって いるので、
外から 帰ったら、よく 手を 洗って、
うがいを するように して います。

生徒の 名前は 一度で
覚えるように して います。

いつも（毎日）がんばって います！ 気を つけて います！

```
 辞書形  ┐
        ├ ように して います
 ない形 ┘
```

毎日 30分 ヨガを するように して います。
食べすぎないように して います。

れいぶん

1) 食事のときは、野菜を先に食べるようにしています。

2) 体にいいことをしていますか。

——できるだけ、毎晩11時半までに寝るようにしています。

3) 大切な約束はメモを取って、忘れないようにしています。

4) 家を出るまえに、窓のかぎとガスの火を確認するようにしています。

5) マンションの下の部屋に迷惑なので、夜は洗濯機や掃除機を使わないように
しています。

6) 日本のテレビは世界のニュースが少ないです。ぼくはスマホのアプリで、いつ
も見るようにしています。

れんしゅう ➡「ようにしています」「ないようにしています」の文を作りましょう。

例) 朝早く起きます ⇒朝早く起きるようにしています。

① できるだけ日本語で話します ⇒_____

② わからない日本語は、すぐに辞書で調べます ⇒_____

③ 週2回、母に電話します ⇒_____

④ スーパーで買いすぎません ⇒_____

⑤ 待ち合わせの時間に遅れません ⇒_____

49

あまり 無理 しないように して ください

75

かつどう

健康診断の結果

ラジャ　モハンマル様		基準値
体重・身長	78kg・165cm（1.65m）	
BMI（肥満度指数）	？	18.5〜25
腹囲	102cm	男性　85cm 女性　90cm

（1）➡ラジャさんのBMIを計算しましょう。

　　　　BMI＝体重kg÷身長m÷身長m

（2）➡ラジャさんにアドバイスしましょう。

　　例）BMIが30ですから太りすぎです。メタボが心配です。

　　　　BMIが20です。18.5〜25の間ですから、ちょうどいいです。

　　　　BMIが16ですから、やせすぎです。もっと食べるようにしてください。

　　　　_____ようにしてください。

（3）➡あなたのBMIも計算しましょう。「健康について努力していること」「これからがんばりたいこと」について話しましょう。

かいわ

（1）🔊-19

ノイ：山本さん、教えてもらってもいいですか。さっき結婚式の招待状が来たんですが……。これです。
　　　このはがきの書き方がわかりません。

山本：まあ、エンパイアホテルで……。
　　　立派な結婚式ですね。
　　　ノイさんは出席しますか。

ノイ：ええ、ぜひ行きたいです。
　　　「出席」はこちらですね。ここに○をつけるんですか。

山本：ええ、「御」や「お」は消したほうがいいですよ。

ノイ：えっ、そうなんですか。

山本：それから、わたしはいつも「このたびは、おめでとうございます」とか、「喜んで出席します」と書くようにしています。

ノイ：それはていねいですね。お祝いは品物でもいいですか。

山本：ええ、ノイさんの気持ちが一番大事ですから。でも、できるだけ結婚式のまえに、送るようにしてください。

（2）◀)))-20

スーダ：もしもし、コスモス幼稚園ですか。アルの母です。

先生　：ああ、アル君のお母さん、おはようございます。

スーダ：おはようございます。アルは熱があるので、きょうはお休みします。

先生　：そうですか。今幼稚園で水ぼうそうがはやっています。アル君も水ぼうそうかもしれませんね。

スーダ：えっ！　どんな病気ですか。

先生　：体に赤いブツブツが出るんですよ。ちょっとアル君のおなかを見てください。

スーダ：あっ、ほんとうに赤いブツブツがあります。これから、病院に連れて行きます。

先生　：治るまで、幼稚園はお休みしてください。どうぞお大事に。

どうし

ます形	受けます Ⅱ	慣れます Ⅱ	冷えます Ⅱ	はやります Ⅰ
辞書形	受ける	慣れる	冷える	はやる

49

あまり　無理　しないように　して　ください

77

P.206　漢字10　地心意味頭

心配するな！　落ち着きなさい！

はじめに　おしゃべりしましょう　➡　地震がきたら、まず、どうしますか。
見ながら話しましょう。

> ジョンさんの小学校で地震の避難訓練がありました。地域の消防団が教えに来てくれました。地震のときは強いことばをよく使います。訓練が終わったあと、ジョンさんは子どもたちにもう一度やさしく説明しました。

1 命令形・禁止形

【1】命令形

「早く　机の下に　入れ！」

「地震の　ときは、すぐに　机の下に　入って　ください。」

机の　下に　入れ。
机の　あしを　持て。
ドアを　開けろ。

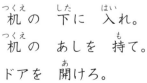

支援者の方へ　緊急地震速報の音をダウンロードして紹介してもよいでしょう。音量を控えめにするように気をつけましょう。

命令形

Ⅰグループ		Ⅱグループ	
いう	いえ	あける	あけろ
いく	いけ	にげる	にげろ
およぐ	およげ	つかまえる	つかまえろ
けす	けせ	（7時に）おきる	おきろ
もつ	もて	（シャツを）きる	きろ
とぶ	とべ	Ⅲグループ	
よむ	よめ	（ここへ）くる	こい
がんばる	がんばれ	する	しろ

【2】禁止形

辞書形 + な

ひとりで 外に 出るな。

禁止形

Ⅰグループ		Ⅱグループ	
（たばこを）すう	すうな	あきらめる	あきらめるな
たつ	たつな	あわてる	あわてるな
しぬ	しぬな	みる	みるな
ころぶ	ころぶな	Ⅲグループ	
のむ	のむな	（ここへ）くる	くるな
はいる	はいるな	する	するな

50 心配するな！ 落ち着きなさい！

れいぶん

1) 机の下に入れ。頭を守れ。ドアを開けろ。
2) あわてるな。落ち着け。ガスの火を消せ！
3) 火事だ！ 119番に電話しろ。
4) あと3分だ。最後まであきらめるな！
   シュートだ。行け！
5) 泣くな。元気を出せ。
6) けんかをやめろ。2人ともこっちへ来い。
7) 病気の父はわたしに心配するなと言いました。

れんしゅう

➡ ①～⑨を使って、となりの人に命令しましょう。命令を聞いた人は体を動かしましょう。⑩～⑫は自由に考えてください。

①立て　　　　　　②座るな　　　　　③あそこに行け　　④電気をつけろ
⑤電気を消せ　　　⑥こっちへ来い　　⑦ここに座れ　　　⑧話すな
⑨ここに名前を書け　⑩_____　⑪_____　⑫_____

支援者の方へ　・命令形や禁止形は緊急時や男性同士の会話・スポーツ観戦などのときに使います。女性はあまり使いません。また、れいぶん7）のような引用文の中でも使います。
・れいぶん1）～6）

れんしゅう

➡ 忍者の学校で子ども忍者が練習しています。真ん中の先生は、①〜⑧の子どもに何と言っていますか。四角の中の動詞を命令形や禁止形にして言いましょう。

例) 飛び下りろ

もっとがんばれ！
休むな！

| 上る | けんかしない | 飛ぶ | 飛び込む | 飛び下りる | 捕まえる |
| 走る | 寝ない | 気をつける | | | |

かつどう

➡ 子どもたちの運動会です。応援しましょう。

スポーツの応援

例) どんどん入れろ！ 負けるな！

50 心配するな！ 落ち着きなさい！

🗣️ **はなしましょう** ➡ あなたの国でスポーツを応援するとき、何と言いますか。

例）フランスでは、よく「Allez！Allez！……行け、行け」と言います。

2 _____と いう（_____って いう）意味です。

これは どういう 意味ですか。

歩きながら たばこを 吸うなと いう 意味です。
ポイ捨ても するなと いう 意味です。

れいぶん

1) あのマークはどういう意味ですか。
　──地震のとき、津波に注意しろという意味です。
2) 「立入禁止」はここに入るなという意味です。
3) このマークは何ですか。
　──小学生が通る道路という意味です。
　　学校に行くとき、通ります。
4) A：マジで君が好きなんだ。
　B：「マジ」って、どういう意味？
　A：「ほんとうに」「まじめに」っていうことだよ。

JIS Z 8210:2017

れんしゅう ➡ ①～⑤のマークは何ですか。

例） ここで泳ぐなという意味です。
JIS Z 8210:2017

① 　② 　③ 　④ 　⑤

JIS Z 8210:2017　JIS L 0001:2014　JIS L 0001:2014　JIS L 0001:2014

かつどう ➡ あなたのマークを作り、友だちに見せましょう。

例）太るから、ケーキを食べるなという意味です。

はなしましょう ➡ あなたの国で「✓」（チェックマーク）はどういう意味ですか。

これは 正しいと いう 意味ですか。

いいえ、この マークは 答えが 間違って いると いう 意味です。

心配するな！　落ち着きなさい！

50

83

3　▢なさい。

ます形(ま~~す~~) ＋ なさい

おもちゃを　片付けなさい。

れいぶん

1) にんじんを全部食べなさい。
2) 遊ぶまえに、宿題をしなさい。
3) 子どもは早く寝なさい。
4) 近所の人に迷惑だから、夜はスケートボードをやめなさい。
5) （テストの問題）「正しいものに○をつけなさい。」
6) 「気分が悪かったら、きょうは早く帰りなさい。」と課長が言いました。

😃😃 はなしましょう
→ あなたの両親やおじいさん、おばあさんは、いつも何と言いましたか。
　あなたは子どもに、何と言いますか。

例）母は、いつも「早く勉強しなさい。」と言いました。

支援者の方へ　「なさい」は親が子供に指示をする場合や試験の指示文で使われます。

かつどう

自転車のルール

（1）➡読みましょう。

> 自転車は便利な乗り物です。
> でも、自転車のルールは厳しいです。車と同じぐらい危険だからです。
> 歩行者の安全を守ることが一番大切です。小さいミスで、大事故になってしまうこともあるのです。思いやりの心を持って、運転しましょう。

（2）➡警察官になって、①〜⑦の人に注意してください。

　　例）「そこの自転車の人、お酒を飲んでいますね。飲酒運転はいけません。
　　　　すぐに自転車を降りなさい。」

心配するな！　落ち着きなさい！

（3）➡あなたはルールを守っていますか。また、あなたが道を歩いているとき、迷惑な自転車で困ったことがありますか。

かいわ

（1）🔊-21

！))（緊急地震速報）

先生：あっ、地震？　ああ、揺れている。大きいぞ！　みんな机の下に入れ。
生徒：わあ、だんだんすごくなってきた。
先生：机のあしをしっかり持て！　揺れが終わるまでは出るな。落ち着け。

・・・・・・・

ガラスに気をつけろ。だれも、けがをしていないか。

校内放送：皆さん、大丈夫ですか。今、震度6でした。先生といっしょに校庭に集まってください。

先生：さあ、いっしょに校庭へ行こう。山田くん、ひとりで動くな。
　　　みんな、また余震が来るから、
　　　頭を守れ。走るな、しゃべるな。
　　　いいか。

（2）🔊-22

日本人の母親：電車の中で大きい声を出しちゃだめよ。静かにしなさい。
子ども　　　：窓から外を見てもいい？
日本人の母親：ちゃんと靴を脱ぎなさい。

・・・・・・・

「人に迷惑をかけないようにしなさい。」って、いつも言っているんですけど、難しいですね。

ラジャ　　　：そうですか。でも子どもですから、少しぐらい、いいと思いますよ。
日本人の母親：うーん。そうかもしれませんけど……。

支援者の方へ　かいわ（2）の「大きい声を出しちゃだめよ」の「～ちゃ」は、「ては」の縮約形です。

どうし

ます形	落ち着きます Ⅰ	捕まえます Ⅱ	あきらめます Ⅱ	あわてます Ⅱ
辞書形	落ち着く	捕まえる	あきらめる	あわてる

ます形	動かします Ⅰ	飛び下ります Ⅱ	上ります Ⅰ	飛びます Ⅰ
辞書形	動かす	飛び下りる	上る	飛ぶ

ます形	飛び込みます Ⅰ	間違います Ⅰ	揺れます Ⅱ	集まります Ⅰ
辞書形	飛び込む	間違う	揺れる	集まる

マイノート

50

心配するな！ 落ち着きなさい！

P.208　漢字11　場所物持知

51　何を　入れて　おきますか

 はじめに　おしゃべり　しましょう ➡ あなたは地震などの災害の備えを何かしていますか。

地震は　急に　起こります。ラジャさんは地震をとても心配しています。ある日、となりの林さんに地震の備えについて相談しました。

1 ▢て　おきます。

林さん、地震が　とても　心配です。

準備は　とても　大切ですよ。
この　「地震の　ときの　注意」を　読んで　おきましょう。

　　　て形　+　おきます

「地震の　ときの　注意」を　読んで　おきます。
持ち物に　名前を　書いて　おきます。

支援者の方へ　「～ておきます」は、前もって準備する、ある基準の時より前にその行為をするという意味があります。また目的があってその状態を持続する場合にも使います。「とっておく（保存する）」のようによく使われるものは、一語として覚えるといいでしょう。

88

れいぶん

1) 非常用持ち出し袋に水や食べ物、懐中電灯などを入れておきます。3日ぐらい電気やガスが止まっても、大丈夫です。

2) 子どもが小学校に入るまえに、自分の名前を読めるようにしておきます。

3) きょう帰りが遅くなります。すみませんが、お米を洗っておいてください。

4) お母さん、このユニフォーム、洗っといてね。あさってサッカーの試合だから。

5) 子どもがかいた絵や工作はどうしますか。とっておきますか。
　――わたしは少しだけとっておきます。全部捨てると、子どもがかわいそうなので……。

6) 大変！ コップを割ってしまいました。
　――割れたガラスは危ないですよ。今、掃除機を取ってきますから、そのままにしておいてください。

ぶんぽうのまとめ

「～ておきます」

ミーティングのまえに、机といすを並べておきます。
　　（ミーティングが始まるまえにします。ミーティングのまえの準備です。）

あしたもミーティングです。机といすをそのままにしておきます。
　　（あしたも使いますから、片づけません。）

支援者の方へ
- れいぶん1）非常用持ち出し袋はP.95の「かつどう」参照。
- れいぶん4）「～とく」「～といて」は「～ておく」「～ておいて」のくだけた言い方です。次ページ参照。
- 「ぶんぽうのまとめ」 ここでは「～ておく」を2つに分けています。

```
もういっぽ
```

「～とく」・「～といて」

友だちや家族の会話の中では、よく 短い形 を使います。

ていねい形	普通形	短い形
～ておきます	～ておく	～とく
例）洗っておきます	例）洗っておく	例）洗っとく
～ておいてください	～ておいて	～といて
例）洗っておいてください	例）洗っておいて	例）洗っといて

れんしゅう ➡ パーティーの 準備をするとき、どんなことをしますか。下の四角から合う動詞を選んで、「～ておきます」の文を作りましょう。

例）パーティーはあしたです。きょう部屋を<u>掃除しておきます</u>。

① 料理はカレーです。きょうカレーを＿＿＿＿＿＿＿＿＿＿＿＿＿＿＿。

② デザートの果物を＿＿＿＿＿＿＿＿＿＿＿＿＿＿＿＿＿。

③ ビールを＿＿＿＿＿＿＿＿＿＿＿＿＿＿。

④ 写真をとりますから、カメラのバッテリーを＿＿＿＿＿＿＿＿＿＿＿。

⑤ お客さんが来るまえに、スリッパを＿＿＿＿＿＿＿＿＿＿＿＿＿。

掃除します	冷やします	作ります	並べます	買います
充電します				

れんしゅう ➡ こんなとき、どう言いますか。四角の中からことばを選びましょう。

51 何を 入れて おきますか

ママ、例)洗っといて。
片づけちゃ だめ。① _____。
これも 捨てる？
ううん、それは ② _____。
夕方に なったら 洗濯物 ③ _____。
8時に ゴミ収集車が 来るから、④ _____。

| 洗っといて　とっといて　そのままにしといて　出しといて 入れといて |

2　□□ように、□□ます。

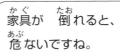

家具が　倒れると、危ないですね。

倒れないように、ネジで留めましょう。

ない形　｝ように、〜ます
辞書形

家具が　倒れないように、留めます。
すぐ　連絡できるように、携帯電話を　持って　行きます。

れいぶん

1） 食器だなの戸が開いて、食器が飛び出すと、危ないです。
　　戸が開かないように、これで留めましょう。
2） いつでも連絡できるように、出かけるときは携帯電話を持って行ってください。
3） 子どもに見つからないように、クリスマスプレゼントを高いたなの上にかくしておきます。
4） お子さんの学校は何時からですか。
　　――8時20分からです。時間に間に合うように、子どもは7時50分にうちを出ます。
5） 目覚まし時計が3個もあるの？
　　――うん、朝が苦手だから、ちゃんと起きられるように、目覚まし時計を3個セットしているんだ。

支援者の方へ　2の「〜ように」は「〜ように」のあとの行為の目的を表します。「ように」の前は、動詞の否定や可能、無意志動詞が入ります。

92

れんしゅう ➡ 四角の中から動詞を選んで、形を変えて（　）に入れましょう。

例）ホワイトボードがよく（見える）ように、一番前に座りました。
① 子どもが（　　　　　　　）ように、やさしいことばで話してください。
② お年寄りにもよく（　　　　　　　）ように、大きい声で話しましょう。
③ 泥棒が（　　　　　　　）ように、必ずかぎをかけてください。
④ 待ち合わせの時間に（　　　　　　　）ように、早くうちを出ました。
⑤ このドレスが（　　　　　　　）ように、あと3キロやせます。

| 見えます　聞こえます　わかります　着られます　入ります 間に合います |

はなしましょう ➡ あなただったら、どうしますか。どんなことに気をつけますか。

大事な約束の日や時間

例）大事な約束を忘れないように、手帳に書きます。

大事なもの

例）猫がいたずらしないように、ノートパソコンを閉めておきます。

51 何を 入れて おきますか

3 〔他動詞〕て あります。

4月から 学校が 始まります。
持ち物に 名前が 書いて あります。

て形 + あります

ノートに 名前が 書いて あります。

れいぶん

1) カレンダーに 入学式の時間が 書いてあります。
2) 電話をかけながらメモできるように、ペンと
   紙が 置いてあります。
3) あそこにはってある紙は 何ですか。
   ——断水のお知らせです。あしたは3時から
   5時まで水が出ません。
4) あしたのコンサートのチケットは？
   —— 机の一番上の引き出しにしまってあるよ。
5) 国へ帰ったとき、母はわたしの好きな料理をたくさん作っておいてくれました。
   大好きなケーキも 作ってありました。
6) A：旅行の準備はできた？
   B：うん、飛行機の切符は買ってあるし、ホテルもさっき予約したし……。
   A：しばらく留守にするから、おとなりに知らせておこう。

支援者の方へ　「他動詞＋てあります」は行為や動作が終わったあとの状態を表します。また、準備の行為が終わっている場合にも使います。目で見た状態を「～ています」で表す場合は「～」に自動詞が入ります。（46課参照）

れんしゅう → 「〜てあります」を使って、今の教室の様子を言いましょう。

例）黒板に漢字が書いてあります。

れんしゅう → 勇太君が学校から帰ると、台所のテーブルの上にお母さんの手紙が置いてありました。何と書いてありましたか。右下の四角の中からことばを選んで、正しい形に変えて（　）に入れましょう。

51 何を 入れて おきますか

勇太へ
帰ったら、すぐに洗濯物を（例 入れておいて）ください。
お母さんは日本語教室に行っています。9時ごろ帰ります。
晩ご飯を（①　　　　　　　）ました。
おなべのカレーを温めてください。
冷蔵庫にサラダが（②　　　　　　　）ます。
勇太が好きなシュークリームも（③　　　　　　　）ますよ。
お母さんが帰るまでに、宿題を（④　　　　　　　）ね。
　　　　　　　　　　　　　　母より

作っておく	作っている
入れておく	入っている
やってある	やっておく
買ってある	買っておく

かつどう

わたしの地震の備え

（1）→ これは「非常用持ち出し袋」の中身です。災害が起こったとき、すぐに持ち出せるように準備しておくと、安心です。何が入れてありますか。あなたはどんなものを入れておきますか。

① _____

② _____

③ _____

④ _____

⑤ _____

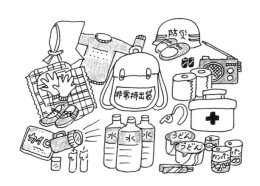

（２）➡災害の備えについての文を読みましょう。あなたはA、B、Cのどれですか。わからなかったら、近くにいる日本人に聞いてください。

> A　もう、してあります。
> B　これから、しておこうと思います。
> C　しなくても大丈夫です。

① 英語や自分の国のことばで「地震のときの注意」を読む。（　　）
② 家や会社の近くの避難所を調べる。（　　）
③ 家族や友だちに連絡する方法（災害用伝言ダイヤル 171）について、調べる。（　　）
④ 家の中の安全を確かめる。家具が動かないように、留める。（　　）
⑤ パスポートや銀行の通帳など、大事なものはすぐ持ち出せるように、置く場所を決める。（　　）

避難所→
JIS Z 8210:2017

かいわ

（１）🔊-23

林の妻：ラジャさん、この間、地震がありましたね。大丈夫でしたか。

ラジャ：ええ、だけど、びっくりしました。怖かったです。でも、家具はかべに留めてあったので、倒れませんでした。

林の妻：そうでしたか。

ラジャ：林さんに聞いておいて、ほんとうによかったです。

林の妻：ところで、ラジャさんはこの近くの避難所を知っていますか。

ラジャ：避難所？　それは何ですか。

林の妻：もし、地震のとき、家がこわれたり、火事で家に住めなくなったりしたら、近くの学校が避難所になります。水や食べ物がないとき、そこへもらいに行くことができます。

ラジャ：へえ、そうなんですか。

林の妻：いっしょに防災マップを見てみましょうか。

（2）🔊-24

スーダ　　　　　：この幼稚園のお知らせに何が
　　　　　　　　　書いてありますか。

幼稚園の先生：ノロウイルスの注意ですよ。
　　　　　　　　　今、ノロウイルスがはやっています。

スーダ　　　　　：ああ、怖い病気ですね。うつると、大変ですね。

幼稚園の先生：注意がいろいろ書いてあります。
　　　　　　　　　1．子どもに手の洗い方をよく教えておいてください。
　　　　　　　　　2．子どもが吐いたら、吐いたものを手で触らないように、ゴム手
　　　　　　　　　　　袋を使ってください。
　　　　　　　　　3．汚れた服は消毒します。家族にうつらないように、気をつ
　　　　　　　　　　　けてください。

スーダ　　　　　：消毒の薬は買ってあります。

幼稚園の先生：外から帰ったときや食事のまえに、必ず手を洗ってくださいね。

園からのお知らせ

最近ノロウイルスが・・・

注意1・・・・・・・・

　　　2・・・・・・・・

51

何を　入れて　おきますか

どうし

ます形	冷やします　I	飛び出します　I	かくします　I	始まります　I
辞書形	冷やす	飛び出す	かくす	始まる

ます形	しまいます　I	知らせます　II	持ち出します　I	決めます　II
辞書形	しまう	知らせる	持ち出す	決める

ます形	うつります　I
辞書形	うつる

97

P.210　漢字 12　色白黒赤青合

52　ほめられると　やる気が　出ます

はじめに おしゃべり しましょう ➡ 教室の中の友だちの「いいところ」を探して、ほめましょう。

> マリオさんは、一生懸命仕事をがんばっています。
> S社と大きい契約をしました。課長はマリオさんをほめました。

1　受身 Ⅰ

　よく　やった！
がんばったね！　

Ⓐ　マリオ　　　　　　　　　　　　　　　　　　　Ⓑ　課長

　　　　　　　　Ⓐは　Ⓑに　受身動詞

　　課長は　マリオさんを　ほめます。
マリオさんは　課長に　ほめられます。

　　課長は　マリオさんに　会議の　時間を　聞きました。
マリオさんは　課長に　会議の　時間を　聞かれました。

受身動詞

	Iグループ			IIグループ	
	しかります→ しから~~な~~→ しから**れます**			ほめ~~ます~~→ほめ**られます**	
	受身動詞			受身動詞	
よびます	よばれます	よばれる	しらべます	しらべられます	しらべられる
たのみます	たのまれます	たのまれる	そだてます	そだてられます	そだてられる
さそいます	さそわれます	さそわれる	まちがえます		
おこします	おこされます	おこされる	みます		
いいます			IIIグループ		
ききます			きます	こられます	こられる
ことわります			します	されます	される

れんしゅう → 上の表の☐に受身動詞を書きましょう。

れいぶん

1) マリオさんは契約書の数字を間違えたので、課長にしかられました。
2) リーさんは、課長に中国語の通訳を頼まれました。
3) わたしのチームリーダーは、部下のことをよく考えてくれるので、みんなに信頼されています。
4) マリオさん、彼女とどこで知り合ったんですか。
 ──会社の先輩に紹介されたんです。
5) 夜自転車のライトをつけないと、警察官に注意されるかもしれません。
6) 子どもはお母さんにほめられると、うれしくなって、またがんばりますね。
 ──だれでも、しかられるより、ほめられるほうがやる気が出ますよ。

支援者の方へ 動詞IIグループでは、可能と受身は同じ形になります。

れんしゅう ➡ 受身動詞を使った文にしましょう。

例)  ①  ②

③  ④  ⑤

例) お母さんは息子をしかりました。
⇒ 息子はお母さんにしかられました。

① 夜12時に帰ったので、父は姉を怒りました。
⇒ ＿＿＿＿＿＿＿＿＿＿＿＿＿＿＿＿＿＿＿＿＿＿＿＿＿＿＿＿＿＿＿＿＿＿＿

② 終電で駅員はわたしを起こしました。
⇒ ＿＿＿＿＿＿＿＿＿＿＿＿＿＿＿＿＿＿＿＿＿＿＿＿＿＿＿＿＿＿＿＿＿＿＿

③ 知らない人はわたしに道を聞きました。
⇒ ＿＿＿＿＿＿＿＿＿＿＿＿＿＿＿＿＿＿＿＿＿＿＿＿＿＿＿＿＿＿＿＿＿＿＿

④ 友だちはノイさんをコンサートに誘いました。
⇒ ＿＿＿＿＿＿＿＿＿＿＿＿＿＿＿＿＿＿＿＿＿＿＿＿＿＿＿＿＿＿＿＿＿＿＿

⑤ 友だちはわたしに自転車を貸してほしいと頼みました。
⇒ ＿＿＿＿＿＿＿＿＿＿＿＿＿＿＿＿＿＿＿＿＿＿＿＿＿＿＿＿＿＿＿＿＿＿＿

はなしましょう ➡ 「ほめられたこと」や「しかられたこと」について話しましょう。

例1) 友だちに料理をほめられました。
例2) となりの家の窓ガラスを割ったので、おじさんにしかられました。

2 ＿＿＿のに、＿＿＿。

一生懸命 がんばったので、S社の 仕事が もらえました。
でも、がんばったのに、K社の 仕事は もらえませんでした。

52 ほめられると やる気が 出ます

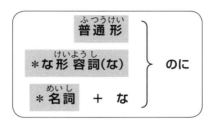

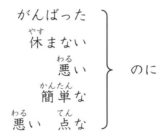

勉強を がんばったのに、テストの 点が 悪かったです。
テストの 点が 悪かったのに、父に しかられませんでした。
部活の 練習を 休まないのに、選手に なれません。
簡単な テストなのに、間違えて しまいました。

れいぶん

1) 一生懸命練習したのに、試合に勝てませんでした。
2) 英語が得意なのに、今の仕事は英語を使うチャンスがありません。
3) きのうはとても暖かかったのに、きょうは雪が降っています。
4) 友人は先月結婚したばかりなのに、もう離婚したいと言っています。
5) きょうは風が強いので、遠足は中止です。
　　——ええっ！　せっかくお弁当を作ったのに……。

れんしゅう ➡ 絵を見て、「のに」の文を作りましょう。

例) 夜遅くまで勉強したのに、テストができませんでした。

例)  ①  ②  ③

れんしゅう ➡ 2つの文を1つにして「～ので、～。」か「～のに、～。」の文を作りましょう。

例1) 雨です・テニスをしません ⇒雨なので、テニスをしません。
例2) お金を入れました・切符が出ません ⇒お金を入れたのに、切符が出ません。

① 料理をたくさん作りました・家族がだれも帰って来ませんでした
⇒_____
② 日曜日、子どもと約束があります・仕事を頼まれました
⇒_____
③ まだヨーロッパへ行ったことがありません・ぜひ行きたいです
⇒_____
④ 忘れないように、メモをしました・忘れてしまいました
⇒_____
⑤ ていねいに謝りました・課長はまだ怒っています
⇒_____
⑥ アルは日本の小学校に通っています・日本語が上手です
⇒_____

支援者の方へ　「が／けれど」と「のに」はどちらも逆接を表す接続助詞です。「のに」には、話し手の不本意・期待はずれ・不満の気持ちが伴っています。

はなしましょう → 今までに一生懸命がんばったのに、できなかったことがありましたか。

例）毎日６時間勉強したのに、希望する高校に入れませんでした。

かつどう → 2人の話を読んで、あなたの意見を言いましょう。

ほめられる・しかられる

わたしの両親は、いつも、わたしをほめてくれました。もし、テストの点が悪くても、できたところを探して「ここはできた。よかったね。またがんばってね。」と言いました。ほめられると、自信が持てるようになります。安心して、いろいろなことにチャレンジできます。どんなことがあっても、両親だけは自分の味方ですから。

最近の若い社員は、ちょっとしかられると、すぐ落ち込んでしまいます。一度もうちで、しかられたことがないのかもしれません。わたしは厳しい両親に育てられましたから、いくら怒られても平気です。社会には苦しいこともたくさんあります。自分より力がある人もたくさんいます。息子には、困ったときでもがんばれる強い心を持ってほしいです。息子のために、だめなことは、きちんとしかるつもりです。

わたし

52 ほめられると　やる気が　出ます

ぶんぽうのまとめ

「ても」と「のに」

- 暗くなっても、子どもたちは外で遊んでいます。
- 暗くなったのに、子どもたちは外で元気に遊んでいます。

（「のに」には話す人の心配・残念・おどろきなどの気持ちが入っています。）

あの店のステーキは高くても、食べてみたいです。（×のに）

（もし、高かったら食べませんか。――いいえ、食べたいです。）

あの店のステーキは高かったのに、おいしくなかったです。（×ても）

（ほんとうにあったことは「のに」を使います。）

かいわ

（1）🔊-25

課長　：マリオさん、今回の仕事、よくやりましたね。
　　　　大変だったでしょう。

マリオ：いやあ、皆さんがいろいろアドバイスしてくださったおかげです。

課長　：マリオさんは南アメリカのことをよく知っていますから、あちらも
　　　　安心したと思いますよ。

マリオ：次はＡＢＣ産業にも仕事を頼まれると、いいですね。

課長　：ＡＢＣ産業にパンフレットを送ったのに、まだ返事が来ないね。

マリオ：でも、先週、電話で値引き価格について聞かれました。

課長　：じゃあ、可能性があるね。

（２） 🔊-26

リー　：田中さんのうちのたこ焼きパーティーに誘われたんだけど……。

ジョン：ぼくもだよ。リーさんは行く？

リー　：うーん、その日は行かなければならない所があるの。でも、せっかく誘ってくれたのに、断ったら失礼かな。

ジョン：それは仕方がないよ。早く返事をしておいたほうがいいよ。

リー　：田中さん、きっとがっかりするね。

どうし

ます形	ほめます Ⅱ	頼みます Ⅰ	起こします Ⅰ	断ります Ⅰ
辞書形	ほめる	頼む	起こす	断る

ます形	しかります Ⅰ	知り合います Ⅰ	怒ります Ⅰ	勝ちます Ⅰ
辞書形	しかる	知り合う	怒る	勝つ

ます形	落ち込みます Ⅰ	育てます Ⅱ
辞書形	落ち込む	育てる

52 ほめられると　やる気が　出ます

P.212 漢字13 明暗朝昼夜

53 安全の ために 注意して います

 ➡ 日本の 生活は 安全ですか。危険な ことが ありますか。

リーさんは、いつも自転車の前のかごの中にハンドバッグを入れています。ある日の夜11時ごろ、家に帰る途中、後ろから走って来たバイクの男の人が、ハンドバッグをとって行ってしまいました。

1 受身 Ⅱ

Ⓐリー　　　　　Ⓑどろぼう

> Ⓐは Ⓑに （Ⓐの）もの を 受身動詞

どろぼうは リーさんの かばんを とります。
リーさんは どろぼうに かばんを とられます。

弟は わたしの ケーキを 食べました。
わたしは 弟に ケーキを 食べられました。

支援者の方へ　Ⓑには、人以外に動物やものが入る場合もあります。

れんしゅう ➡ ＿＿＿に①〜④の動詞を受身動詞にして入れましょう。
（　）に「に」か「を」を入れましょう。

例）こわします　　　①かみます　　　②たたきます

③間違えます　　　④汚します

例）わたしは子ども（に）パソコン（を）こわされました。
① わたしは犬（　）足（　）＿＿＿＿＿＿＿＿＿＿＿＿＿＿＿。
② 友だち（　）顔（　）＿＿＿＿＿＿＿＿＿＿＿＿＿＿＿。
③ だれか（　）靴（　）＿＿＿＿＿＿＿＿＿＿＿＿＿＿＿。
④ 犬（　）着物（　）＿＿＿＿＿＿＿＿＿＿＿＿＿＿＿。

れいぶん

1) リーさんは、後ろから来たバイクの男の人にハンドバッグをとられました。
2) わたしは母に大切な書類を捨てられてしまいました。
3) 毎朝満員電車の中で押されたり、足を踏まれたりして、大変です。
4) 電車の中でとなりの人にメールを読まれて困りました。
5) 引き出しの中にしまっておいた現金を盗まれました。
6) ママ、蚊に刺されちゃった。ここ、かゆいよ。
　　—— 薬を塗ってあげるね。

はなしましょう → 人にされたり、言われたりして、嫌な気持ちになったことがありますか。

例1) 日本語で悪口を言われて、嫌でした。ことばはわかりませんでしたけど……。
例2) 会社の飲み会に、わたしだけ誘われませんでした。さびしかったです。

2 　　　　ために

防犯の ために、何か して いますか。

自転車の かごに ネットを つけて います。

防犯の ために、窓や ドアの かぎを きちんと かけます。
安全な 町を 作る ために、パトロールを して います。

れいぶん

1) 安全のために、明るい道を歩きましょう。
2) 犯人を捕まえるために、バイクの色やナンバーをよく見て、警察に知らせてください。
3) 88歳になる母のために、家族が集まって、誕生パーティーをします。
4) 山田さん、1年間も会社を休むんですか。
　　――1歳の息子の世話をするために、休むんですよ。来月から、妻は仕事を始めます。
5) どうして旅行に行かないんですか。
　　――新しいマンションを買うために、貯金しているので。
6) 来日の目的は何ですか。――日本文化の勉強のために、来ました。

支援者の方へ
・「動詞＋ために」には意志動詞が入り、「ために」の後の行為や事柄の目的を表します。
・「動詞＋ように」も行為の目的を表しますが、無意志動詞が入る点が違います。
　　　　　　　　　　　　　　　　　　　　　　　　　（51課　P.92参照）
・「（人）のために」はその人の利益やその人にとっていいことを表します。
　　　　　　　　　　　　　　　　　　　　　　　　　（44課　P.35参照）

れんしゅう ➡ ①〜④の絵を見て、「〜ために、〜ます」の文を作りましょう。

例)

例) 結婚するために、貯金しています。

① _____ために、_____ます。

② _____ために、_____ます。

③ _____ために、_____ます。

④ _____ために、_____ます。

はなしましょう ➡ 日本で安全のために、注意していることがありますか。

例) 防犯のために、夜出かけるとき、玄関の電気をつけておきます。

3 受身 Ⅲ

　京都の 伏見稲荷大社は 711年に 建てられました。
それから、全国に 30,000社も 稲荷神社が 造られました。
稲荷神社は 「お稲荷さん」と 言われて います。
そして、今 外国人観光客にも 知られて います。

れいぶん

1) 浅草の浅草寺は645年に建てられました。
2) 最近、わたしの町で1億年まえの恐竜の骨が発見されました。
3) 「ハローキティ」は、世界中の人に愛されています。
4) 日本には、いろいろな野菜が輸入されています。
5) 「ウォシュレット」は日本中で使われるようになりました。
6) 9月1日は「防災の日」です。あちこちで防災訓練が行われます。

支援者の方へ　「愛します」の辞書形は「愛する（Ⅲ）」ですが、「ない形」は古い言い方の「愛す」の活用形である「愛さない」を使います。

れんしゅう ➡ 受身動詞を使った文を作りましょう。

例）（東京スカイツリー・2012年に・建てました）
　⇒東京スカイツリーは2012年に建てられました。

① （ペットボトルの日本茶・日本中で・飲んでいます）
　⇒＿＿＿＿＿＿＿＿＿＿＿＿＿＿＿＿＿＿＿＿＿＿＿＿＿＿＿
② （中部地方の高い山々・日本アルプスと・呼んでいます）
　⇒＿＿＿＿＿＿＿＿＿＿＿＿＿＿＿＿＿＿＿＿＿＿＿＿＿＿＿
③ （インスタントラーメン・日本で・発明しました）
　⇒＿＿＿＿＿＿＿＿＿＿＿＿＿＿＿＿＿＿＿＿＿＿＿＿＿＿＿
④ （日本の介護ロボット・世界に・輸出しています）
　⇒＿＿＿＿＿＿＿＿＿＿＿＿＿＿＿＿＿＿＿＿＿＿＿＿＿＿＿

かつどう ➡ 「わたしの国の（建物・場所・食べ物・もの）は（受身動詞）」の文を書きましょう。P.111の「伏見稲荷大社」を参考にしてください。

かいわ

（1） 🔊**-27**

リー ：先週 自転車に乗っていたとき、バッグをとられてしまいました。
　　　前のかごに入れておいたんですが、ほんとうに怖かったです。

マリオ：えっ、それは大変でしたね。日本は安全な国だと言われているのに……。
　　　それで、どうしましたか。大きい声を出したんですか。

リー ：怖くて、声も出ませんでした。でも、バイクの色と 男 の人の服を、よく
　　　見て、携帯で１１０番したんです。

マリオ：もう犯人は見つかりましたか。

リー ：いいえ、まだです。でも同じ事件が3件もあったと、警察の人が言ってい
　　　ました。

マリオ：また、あるかもしれません。 町 会に知らせたほうがいいですね。
　　　防犯のために、みんなの 協 力 が大切ですね。

（2） 🔊**-28**

ノイ ：ジョンさんは何人 兄 弟ですか。

ジョン：4人です。

ノイ ：子どものとき、けんかをしましたか。

ジョン：もちろん。毎日、にぎやかでした。 弟 にプラモデルをこわされたり、
　　　 妹 にケーキを食べられたり、姉に日記を読まれたり……。

ノイ ：わたしは、一番上でしたから、けんかをすると、母にしかられました。

ジョン：下の子はいいですよね。

どうし

ます形	とって行きます Ⅰ	とります Ⅰ	たたきます Ⅰ	踏みます Ⅰ
辞書形	とって行く	とる	たたく	踏む

ます形	盗みます Ⅰ	刺します Ⅰ	塗ります Ⅰ	いじめます Ⅱ
辞書形	盗む	刺す	塗る	いじめる

ます形	造ります Ⅰ	愛します Ⅲ	行います Ⅰ
辞書形	造る	愛する	行う

P.214 漢字 14 春夏秋冬楽

54 楽しそうですね

 ➡ お祭りや地域のイベントに参加したことがありますか。

ノイさんの家のとなりの渡辺さんは町会の役員です。町会は、地域の安全のためにパトロールをしたり、回覧板で地域のニュースを知らせたり、いろいろなことをしています。町のお祭りも町会が準備します。もうすぐ夏祭りがあるので、渡辺さんはお知らせを作っています。

1 ☐☐☐か、☐☐☐☐。

「お祭りの　お知らせを　作って　いるんだけど、どう思う？」

「あれ？　盆踊りが　何時から始まるか　わかりませんね。」

回覧板　高円寺商店街

夏　祭　り

おみこし
　　3時に　集まって
　　集合場所　：高円

盆踊り　時間　：午
　　　　場所　：高

114

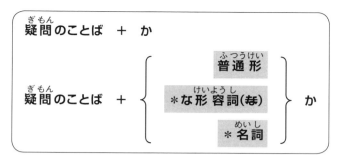

今年の お祭りは いつか、わかりません。
盆踊りは どこで やるか、教えて ください。

れんしゅう ➡ お祭りのお知らせで、わからないことがいろいろあります。疑問のことばを使って、文を作りましょう。

例) 夏祭りはいつやるか、わかりません。

＿＿＿＿＿＿＿＿＿＿＿＿か、わかりません。

れいぶん

1) 日本語教室の面接の日はいつか、教えてください。
2) 試験が何時に始まるか、知っていますか。
　　——10時からです。でも、30分まえに行ったほうがいいですよ。
3) 来月、日本語教室で料理パーティーをします。皆さん、どんな食べ物が好きか、何が食べられないか、アンケートに書いてください。
4) このパソコン、変ですね。どうしてインターネットができないのかな。
　　——なぜか、よくわからないんです。さっきまでできたんですけど……。
5) A：これは国際交流会のパーティーの申込書です。ここに参加する人数を書いてください。
　　B：でも、まだ何人参加するか、わからないんです。
　　A：だいたいでいいですよ。
6) どうしたの？
　　——めがねがないんだ。ゆうべどこに置いたか、全然覚えていないんだ。

2 _____か どうか、_____。

ノイさんの 友だちも お祭りに 来ますか。

日本語教室の 友だちに 来るか どうか、聞いて みます。

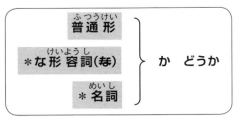

来るか どうか、聞いて みます。
休みか どうか、調べて ください。

れいぶん

1) おみこしはだれでも参加できますか。
　　――参加できるかどうか、町会の人に聞いてみましょう。
2) 日本語教室の友だちは夏祭りに来ますか。
　　――さあ、来るかどうか、わかりません。夏休みなので、旅行に行っているか
　　　もしれません。
3) 来週の火曜日は祝日ですね。日本語教室は休みですか。
　　――休みかどうか、田中さんに確かめて来ます。
4) このボランティアは大変かなあ。
　　――一度やってみたら？　大変かどうか、やって

　　　みないとわからないよ。

> ボランティア募集！
> 外国人児童の教科の学習支援

5) このレストラン、けっこう高いね。
　　――そうだね。お金が足りるかどうか、心配だ。

れんしゅう ➡ 絵を見て、「〜かどうか、〜てみます」の文を作りましょう。

例）似合うかどうか、着てみます。

例） ①  ②  ③

かつどう ➡ 下の文を読んで、警察官と「あなた」の会話を作りましょう。

あなたは会社の帰りに車にはねられました。頭にけがをして、そのときのことは全然覚えていません。入院中に警察官から事故についていろいろ聞かれました。

例1）事故はいつですか。
例2）運転手は車から降りましたか。
① 車は何色でしたか。
② その車はタクシーでしたか。
③ だれが警察に知らせましたか。
④ あなたはかばんを持っていましたか。

例1）警察官：事故はいつですか。
　　　あなた：いつか、覚えていないんです。会社から帰る途中だったと思います。
例2）警察官：運転手は車から降りましたか。
　　　あなた：さあ、降りたかどうか、わかりません。

3 〔形容詞〕そうです。(見た 様子を 表す)

い形容詞(い)　}
な形容詞(な)　} そうです ←-----👁

楽しそうです。
元気そうです。
＊よさそうです。

楽しそうですね。

れんしゅう

(1) ➡「～そうです」にして、書きましょう。

たのしいです	たのしそうです	むずかしいです	
たかいです		かんたんです	
あたたかいです		つよいです	
ひまです		いいです	
ほしいです		うれしいです	
うらやましいです		たべたいです	

(2) ➡絵を見て、「～そうです」を言いましょう。

例）おいしそうです。

支援者の方へ　「形容詞＋そうです（様態）」は今、目で見た様子を表します。ここでは目のマークをつけました。(59課P.163「そうです」耳のマーク参照) 名詞の前に来るときは「おいしそうなクッキー」のように、「～な＋名詞」になります。

れいぶん

1) 盆踊りはとても楽しそうですね。いっしょに踊りませんか。
　　——でも、ちょっと難しそうです。わたしはちょっと……。
2) 女の子たちは浴衣を着て、きれいですね。あの小さい女の子はお姉さんたちを見て、うらやましそうですね。
3) この辞書はよさそうですね。字が大きくて見やすいし、漢字に振り仮名があるし……。
4) 2年ぶりに国へ帰って、家族に会いました。両親はほんとうにうれしそうでしたが、また別れるときはとてもさびしそうでした。
5) わあ、おいしそうなクッキーですね。ノイさんが作ったんですか。
　　——ええ、たくさんありますから、どうぞ食べてください。
6) 新しい仕事は大変そうだね。
　　——うん、まだ慣れなくて、ほんとうに大変なんだ。

れんしゅう　→ 四角の中からことばを選んで、絵に合う文を作りましょう。

例) あの人は優しそうです。

優しいです	意地悪です	元気です	怖いです	厳しいです
おとなしいです	頭がいいです	まじめです		

はなしましょう　→ 相手の持ち物を見て、思ったことを言いましょう。

例) そのバッグ、便利そうですね。
　　——ええ、ポケットがたくさんあって、とてもいいんですよ。

4 〔動詞〕そうです。(もうすぐ 変化する)

雨が 降りそうです。
風船が 飛びそうです。

れんしゅう

(1) ➡「～そうです」にして、書きましょう。

こわれます	こわれそうです	できます	
きれます		なきます	
おれます		とられます	
やぶれます		ふえます	
われます		さがります	
たおれます		すくなくなります	

(2) ➡絵を見て、「～そうです」の文を作りましょう。
　　例) テントが倒れそうです。

....

支援者の方へ　「動詞＋そうです（様態）」は、そうなる直前の状態を表します。目で見て、すぐそうなると言う場合だけでなく、れいぶん４～６)のようにもっと先のことを予測するときや、「たぶん～だ」と言いたいときにも使うこともあります。

れいぶん

1) 荷物が落ちそうですよ。危ないですから、ここに置きましょうか。
2) けさは雲が1つもありませんよ。きょうは暑くなりそうですね。
3) お子さん、ずいぶん大きくなりましたね。もうすぐ歩きそうですね。
4) 昔に比べて、子どもの数はとても少なくなりました。これからもっと減りそうです。

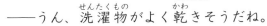
生まれた子どもの数

厚生労働省 人口動態統計 2016年度より作成

5) 田中：ノイさん、出産の予定日は12月ですね。9月の日本語教室は来られそうですか。
　　ノイ：はい、大丈夫だと思います。
6) きょうはいい天気だね。
　　——うん、洗濯物がよく乾きそうだね。

はなしましょう　➡　絵を見て、話しましょう。あなただったら、何と言って声をかけますか。

例） ちょっと……財布をとられそうですよ。
　　——わっ！ 大変。ありがとうございます。

かつどう

（1）➡次の文章の＿＿に書きましょう。

長野県の農村の話です。昔は広い田んぼや畑がたくさんあって、農業をする人たちがとても多かったです。でも、若い人たちは都会へ出て行って、この村に戻って来なくなりました。村の人たちは心配して言いました。「このままでは村の人口はどんどん例)減りそうです。農業をする人が、① ＿＿＿＿＿＿＿＿＿＿＿＿。」

そこで、一生懸命都会の人たちに呼びかけました。「この村で暮らしませんか。いっしょに農業をしませんか。」

最近うれしいニュースがありました。都会から若い家族がこの村に引っ越して来ました。自然の中で子どもを育てたいと思ったからです。村の人たちは家を安く貸したり、農業を教えたりして、いい人間関係ができました。

この話を知って、農業に興味を持った人がこの村へ見学に来るようになりました。

これから、この村には若い家族が② ＿＿＿＿＿＿＿＿＿＿＿＿＿＿＿＿＿＿＿＿。

そして、③ ＿＿＿＿＿＿＿＿＿＿＿＿＿＿＿＿＿＿＿＿＿＿。

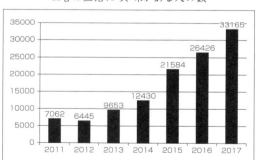

田舎の生活に興味がある人の数

年	人数
2011	7062
2012	6445
2013	9653
2014	12430
2015	21584
2016	26426
2017	33165

NPO法人ふるさと回帰支援センター資料より

（2）➡上の文章を読んで、話しましょう。あなたの国ではどうですか。

かいわ

（1） 🔊-29

山本：ノイさん、久しぶり。お元気そうですね。

ノイ：おかげさまで、おなかの子どもも元気です。

山本：それはよかった。ところで、わたし、来月タイへ旅行に行くんです。

ノイ：えっ！　ほんとうですか。どちらへいらっしゃるんですか。

山本：バンコクとプーケットです。とても楽しみです。それで、ノイさんにお願いがあるんですが、わたしにタイ語を教えてくれませんか。

ノイ：ええ、喜んで。

山本：あいさつや簡単な会話を習いたいです。そして、タイへ行ったら、わたしのタイ語が通じるかどうか、試してみたいです。

（2） 🔊-30

リー：わあ、この映画、おもしろそう。3Dなんですね。

田中：リーさんは、よく映画を見ますか。

リー：ええ、でも、たいていDVDを借りて、家で見ます。映画館で見たいですが、日本は高いですね。

田中：そうですね。でも、ときどき安くなりますよ。映画の日とか、レディースデーとか……。

リー：えっ！　そうなんですか。安い日はいつか、ネットで調べられますか。友だちと行きたいです。

田中：ええ、たぶんネットで「映画　料金」と検索したら、わかると思いますよ。

どうし

ます形	似合いますⅠ	はねますⅡ	別れますⅡ	増えますⅡ	比べますⅡ	減りますⅠ	乾きますⅠ
辞書形	似合う	はねる	別れる	増える	比べる	減る	乾く

ます形	呼びかけますⅡ	暮らしますⅠ	引っ越しますⅠ	いらっしゃいますⅠ	通じますⅡ	試しますⅠ
辞書形	呼びかける	暮らす	引っ越す	いらっしゃる	通じる	試す

P.216　漢字 15　便元好有花

55　マリオさんに　聞けば、わかりますよ

 ➡ あなたはスマートフォンやパソコン、タブレットを使っていますか。インターネットで何をしますか。

インターネットは便利です。インターネットで図書館の本を予約したり、病院を調べたりできます。買い物もできます。ラジャさんは日本語でインターネットを使ったことがないので、マリオさんに教えてもらいます。

1　□□ば・□□なら Ⅰ

「ある」を　カタカナに　したいんですが……。
アル

ここを　押せば、カタカナに　なりますよ。

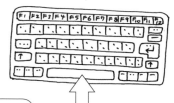

　　パスワードを　入力します　→　この　サイトが　見られます
　　パスワードを　入力すれば、この　サイトが　見られます。

　　パスワードを　入力しません　→　この　サイトが　見られません
　　パスワードを　入力しなければ、この　サイトが　見られません。

　　マリオさん　→　できます
　　マリオさんなら、できます。

条件形
じょうけんけい

Ⅰグループ			Ⅱグループ		
いいます	いえば	いわなければ	たべます	たべれば	たべなければ
かきます	かけば	かかなければ	できます	できれば	できなければ
たちます	たてば	たたなければ	Ⅲグループ		
のみます	のめば	のまなければ	(ここへ)きます	くれば	こなければ
あります	あれば	なければ	します	すれば	しなければ

い形容詞			な形容詞		
やすいです	やすければ	やすくなければ	すきです	すきなら	すきじゃなければ
ほしいです	ほしければ	ほしくなければ	名詞		
いいです	よければ	よくなければ	あめです	あめなら	あめじゃなければ

れいぶん

1) パソコンで入力する場合、このキーを押せば、漢字になります。
2) インターネットで漢字の勉強ができますか。
 ——「がいこくじん かんじ れんしゅう」と検索すれば、漢字のサイトが見つかりますよ。
3) きょうの勉強で何か質問があれば、言ってください。
4) 質問がなければ、きょうの勉強はこれで終わります。
5) 18歳にならなければ、運転免許が取れません。
6) A：あした休み？ ひまなら、会おうよ。
 B：うん、いいよ。映画でも見る？
 A：そうだね。

支援者の方へ
・「ば」は「たら」と同じように条件を表します。
・な形容詞と名詞の条件形は「なら」です。「なら」には話題を取り上げるという用法もあります。　　　　　　　　　　　　　　　　（55課−[2]「なら Ⅱ」参照）
・P.132の復習（2）に「と・ば・たら・なら」などの条件文の練習問題があります。

れんしゅう
➡ 四角からことばを選んで、「〜ば」「〜なければ」「〜なら」の文を作りましょう。

例）図書館で貸し出しカードを（　作れば　）、本やCDが借りられます。
　　国際免許証が（　なければ　）、運転できません。

① バスに（　　　　　　）、10分で駅に着きます。
② 天気が（　　　　　　）、ここから南アルプスが見えます。
③ 会議室のいすが（　　　　　　）、受付の人に言ってください。
④ （　　　　　　）、わたしはどこでも寝られます。
⑤ あした（　　　　　　）、バーベキューは中止です。
⑥ いつ地震が来るかわかりませんから、ペットボトルの水を（　　　　　　）、安心です。

作ります	足ります	雨です	乗ります	あります	いいです
用意しておきます	静かです				

はなしましょう
➡ 絵の中の子どもにアドバイスしてください。

強そうだ。勝てるかなあ。――例）「まほうのくすり」を飲めば、勝てますよ。

＿＿＿ば、勝てるよ。

＿＿＿ば、だいじょうぶ。

日本語能力試験に合格したいです。

> ＿＿＿＿＿＿ば、合格できますよ。

日本語で話せる友だちが欲しいです。

> ＿＿＿＿＿＿ば、＿＿＿＿＿＿。

もういっぽ

ことわざ

「～ば」はことわざや文章によく使われます。
次のことわざはどんな意味だと思いますか。（答えはP.128）

1 「備えあれば、うれいなし」

> 水、食べ物、買った。
> タオル、薬、お金……OK。

2 「うわさをすれば、影」

> それでね、あの人ね……。

皆さんの国にも同じ意味のことわざがありますか。

マリオさんに　聞けば、わかりますよ

2 ▢なら Ⅱ

リーさんは?

リーさんなら、ロビーで電話して いました。

今度 初めて 上海へ 行くんですが、いい ホテルを 知りませんか。
―― 上海なら、リーさんに 聞くと いいですよ。

れいぶん

1) 新しいパソコンを買おうと思います。
　　――パソコンなら、デルがいいですよ。安いし、アフターサービスもいいですから。
2) スマートフォンを買ったんですが、使い方がまだわかりません。
　　――スマホなら、ジョンさんがよく知っていますよ。
3) 赤い首輪をしている茶色の子犬を見ませんでしたか。
　　――ああ、その犬なら、この先の公園にいましたよ。
4) 秋に京都へ行こうと思います。
　　――京都なら、11月がいいですよ。紅葉がすばらしいです。
5) 日本のお城を見たいな。
　　――お城なら、松本城 はどう? 大きくて、立派だよ。

P.127　ことわざの意味
1　準備しておけば、大変なことが起きても、心配ありません。
2　だれかの話をしていると、その人が近くに来ます。

れんしゅう ➡ 「なら」を使って答えましょう。

例）来週出張で香川へ行きます。── 香川なら、うどんがおいしいですよ。

① 夏休みタイへ行きます。 ── _____
② この辺にコンビニはありますか。── _____
③ デジカメを買いたいんだ。 ── _____

かつどう ➡ あなたがお勧めするもの、場所などのキャッチコピー（宣伝のことば）を作りましょう。

例）

インドカレーなら、レストラン・マヤ！

3 ____ば いいですか。

入力した漢字が違うとき、どうすればいいですか。

もう一度 スペースキーを 押せば、ほかの 漢字が 出ますよ。

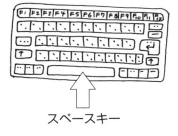

スペースキー

れいぶん

1) メールで「じゅうしょ」と書きたいんですが、どうすればいいですか。
　——ローマ字で「juusho」と打つと、いいですよ。
2) フランス語でメールを書きたいんですが、どうすればいいですか。
　——ピエールさんが教えてくれますよ。
3) 日本人の友だちの家に招待されたんですが、何を持って行けばいいですか。
　——お菓子や花がいいと思います。
4) 「6時にうちへ来てください。」と言われたとき、時間ぴったりに行けばいいですか。
　——そうですね。5分ぐらい遅れて行ったほうがいいと思います。
5) どうしよう。スマホを落としちゃった。どこに連絡すればいい？
　——まず電話の会社に連絡して。あと、きょう行ったお店や駅に聞いてみるといいよ。

はなしましょう → よくわからないことや迷っていることを質問しましょう。

日本の 古い 家に 泊まりたいです。どこへ 行けば いいですか。

日本人の 友だちの 結婚パーティーで スピーチを 頼まれました。どんな ことを 話せば いいですか。

支援者の方へ　「どうしたらいいですか」と「どうすればいいですか」は同じように使います。

かいわ

（1） 🔊-31

ノイ　　：マリオさん、インターネットをよく使いますか。
マリオ：はい。インターネットを使えば、いつでも国のニュースが読めるし、コンサートのチケットも買えますから。
ノイ　　：わたしは今まであまり使いませんでした。でも、これから保健センターのお知らせを読みたいんですが、どうすればいいですか。
マリオ：保健センターのお知らせなら、きっと区のホームページにリンクしていますよ。
ノイ　　：そうですか。じゃあ、見てみます。

（2） 🔊-32

エマン：雨がたくさん降ってるね。
ラジャ：あしたも雨なら、ハイキングは来週にしようね。
エマン：いやだ。行きたい。
ラジャ：雨のときにハイキングは無理だよ。
エマン：雨がやめば、行ける？
ラジャ：そうだね。
エマン：じゃあ、てるてるぼうずを作ってお願いしよう。

どうし

ます形	打ちます Ⅰ	泊まります Ⅰ	やみます Ⅰ
辞書形	打つ	泊まる	やむ

55 マリオさんに　聞けば、わかりますよ

復習（2）

【1】➡ 絵に合う動詞を（1）（2）の（　）の中に入れましょう。（3）の（　）には受身動詞を入れてください。

(1) これはわたしの部屋です。古いですが、いい部屋です。カーテンが（例　開いて）いるので、庭の木が見えるでしょう。食器だなにお皿やコップが（①　　　）います。先週友だちからもらったチョコレートも、ここに（②　　　）あります。食器だなの上に彼の写真が（③　　　）あります。ひきだしの中には大事なものが（④　　　）あります。パスポートやお金などです。

(2) きのううちへ帰ってびっくりしました。「どろぼうだ！」わたしはすぐに警察に電話しました。警察の人は「部屋の様子を説明してください。」と言いました。「ええと、窓ガラスが（①　　　）います。ガラスが部屋の中に（②　　　）います。床に足跡があります。いすが（③　　　）います。」

(3) 警察の人に何を（例　とられた）か、（①　　　）ました。
「現金とパスポートを（②　　　）ました。それから、チョコレートも（③　　　）ました」と答えたら、警察の人に（④　　　）ました。

132

【2】➡（　）の中から正しいことばを選びましょう。

例）駅に（着けば・(着いたら)）、電話をしてください。

① ２時に（なれば・なったら）、会議を始めましょう。

② 風邪（と・なら）、家でゆっくり休んだほうがいいですよ。

③ 質問が（なければ・ないと）、きょうの勉強はこれで終わります。

④ 朝（起きれば・起きたら）、まず冷たい水で顔を洗います。

【3】➡文を作りましょう。

例）11月になると、　　　　・　　　　・大きいスーパーがあります。

① バス停まで走れば、　・　　　　・木の葉が赤くなります。

② 何度も練習すれば、・　　　　・よろしく伝えてください。

③ 駅を出ると、　　　　・　　　　・きっとできるようになりますよ。

④ 田中さんに会ったら、・　　　　・たぶん間に合います。

【4】➡（　）の中から正しいことばを選びましょう。

例）上田さんは親切で、ユーモアがあります。((だから)・でも）人気があります。

① おなかがすいたので、ハンバーガーを２つ食べました。

（それから・それに）うちへ帰りました。

② この美容院はカットが上手だし、早いです。（それに・でも）値段も安いです。

③ あの公園は広くて、きれいだね。

――うん、（だけど・だから）ボール遊びができないんだよ。

④ 駅前の新しい居酒屋は安くて、おいしいですね。

――（じゃあ・でも）今度行ってみます。

⑤ 先週京都へ行きました。紅葉がとてもきれいでした。

（そして・ところで）菊の花もたくさん咲いていましたよ。

⑥ 先週京都へ行きました。紅葉がとてもきれいでしたよ。

（そして・ところで）あしたの日本語教室に行きますか。

P.218 漢字 16 工音声理品

56 エアコンが 故障したようです

 はじめに おしゃべり しましょう → エアコン、冷蔵庫、洗濯機などの電気製品が故障したら、どうしますか。

冷蔵庫や洗濯機が故障すると、困ります。出張費は高いし、修理代もかかります。きょうはとても寒いのに、エアコンが動きません。形名を調べてから、ラジャさんはメーカーのサービスセンターに電話しました。

1 　　　　ようです・みたいです。 I

エアコンの 音が 変です。部屋が 暖かく なりません。ランプが ついたり、消えたり します。

故障?
故障じゃない?
わからない!

| 普通形
*な形容詞(な)
*名詞 ＋ の | ようです |

| 普通形
*な形容詞(な)
*名詞 | みたいです |

エアコンが 故障したようです。
修理は 大変なようです。
機械が 故障のようです。

修理は 時間が かかるみたいです。
エアコンの 中は 複雑みたいです。
工事の 会社は 休みみたいです。

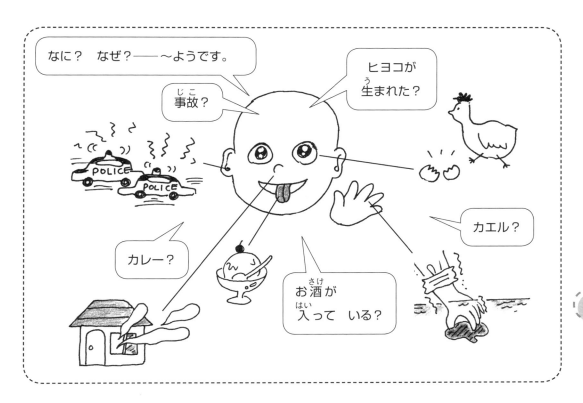

れいぶん

1) エアコンがついたり、消えたりします。故障したようです。
2) エアコンの修理は日曜の朝8時からです。修理の人は、ほんとうに忙しいようです。
3) この牛乳はくさっているみたいですよ。ちょっとすっぱいです。
4) 台所から変なにおいがします。おなべがこげているみたいです。
　——ほんとうですね、こげくさいですね。
5) あのう、課長、この計算、間違っているみたいなんですが……。

支援者の方へ　「ようです」と「みたいです」は同じ意味です。口語では「みたいです」がよく使われています。実際にその状況にいて、五感で感じたことから推量するとき、情報を得てなんとなく感じたことを述べるときに使います。また、断定できないときや、れいぶん5）のように、相手のミスなどについて相手が気分を害さないように使うこともあります。

56　エアコンが　故障したようです

れんしゅう ➡ 絵を見て、「～ようです」「～みたいです」の文を作りましょう。

例）

①

②

③

④

⑤

例）（水たまりがあります。）雨が降ったようです。 ／ 雨が降ったみたいです。

① （いいにおいがします。）＿＿＿＿＿＿ようです。／＿＿＿＿＿みたいです。

② （おでこが熱いです。）＿＿＿＿＿＿ようです。／＿＿＿＿＿みたいです。

③ （魚を残してしまいました。）＿＿＿＿ようです。／＿＿＿＿＿みたいです。

④ （子どもが泣いています。）＿＿＿＿＿ようです。／＿＿＿＿＿みたいです。

⑤ （ブザーを押しても出ません。）＿＿＿ようです。／＿＿＿＿＿みたいです。

れんしゅう ➡ 「～ようです」「～みたいです」の文を作りましょう。

例）このいすは、まだ暖かいです。

　→だれかが座っていたようです／だれかが座っていたみたいです。

① ドーン、ドーン。遠くで音がします。

　→＿＿＿＿＿＿＿＿＿＿＿＿＿＿＿＿＿＿＿＿＿＿＿＿＿＿

② さっきから犬が鳴いています。

　→＿＿＿＿＿＿＿＿＿＿＿＿＿＿＿＿＿＿＿＿＿＿＿＿＿＿

③ となりの家から、おおぜいの人の笑い声が聞こえます。

　→＿＿＿＿＿＿＿＿＿＿＿＿＿＿＿＿＿＿＿＿＿＿＿＿＿＿

④ 駅の前に救急車がとまっています。

　→＿＿＿＿＿＿＿＿＿＿＿＿＿＿＿＿＿＿＿＿＿＿＿＿＿＿

かつどう

となりの家族

（１）➡ ラジャさんのマンションの右のとなりはAさんの家、左のとなりはBさんの家です。いつもあいさつだけしています。A、Bの家族はどんな家族だと思いますか。絵を見て、「ようです／みたいです」「そうです」を使って話しましょう。

A

B

（２）➡ 「ようです／みたいです」を使って、あなたの近所の家族のことを話しましょう。

例）あまり話したことがありませんが、向かいの家の息子さんは、会社員になったようです。今までTシャツとジーンズだったのに、毎朝、黒いスーツを着て出かけます。

_____ようです／みたいです。

2 〔名詞〕のようです・みたいです。 Ⅱ

終わりました。フィルターの 掃除も して おきました。

わあ、きれいに なりましたね。
新しい エアコンのようですね。
部屋の 中は、春みたいに
暖かく なりました。

部屋の 中は 暖かくて、春のようです。
風や 雨が 強くて、台風のような 天気です。
秋なのに、冬みたいに 寒いです。

れんしゅう ➡ 四角の中のことばを選んで、「～のよう（みたい）です」の文を作りましょう。

例) あの 中古車はきれいです。⇒ 新車のようです。(新車みたいです。)

① あの 女の子はかわいいです。
② サッカーの優勝のお祝いはにぎやかです。
③ あの看護師さんはいつも明るいです。
④ 怒っているお父さんの顔は怖いです。
⑤ 最新の人型ロボットはすごいです。

| 新車 |
| 人間 |
| 人形 |
| 太陽 |
| おに |
| お祭り |

支援者の方へ 「みたいです」「ようです」にはもう1つの働きがあります。そのものではないが似ていることを表現したり、ほかのものに例えたりします。な形容詞として「ような／みたいな〔名詞〕」や、副詞として「ように／みたいに〔動詞・形容詞〕」の形でも使います。

れいぶん

1) まだ11月なのに、とても寒くて冬みたいです。
2) さくらの花が散ると、まるで雪のようです。
3) 息子が笑うと、子どものときのお父さんみたいです。
4) 仕事が山のようにあります。終わるまで家に帰れません。
5) 母は優しくて、みんなに愛されています。わたしは母みたいな人になりたいです。

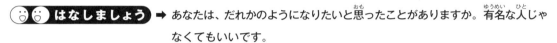

はなしましょう → あなたは、だれかのようになりたいと思ったことがありますか。有名な人じゃなくてもいいです。

例）わたしは女優の○さんみたいな人になりたいです。
　　お金はあるのに、派手な生活をしないし、とてもセンスがいいからです。

かつどう → 体の調子が悪いとき、お医者さんや友だちに、うまく説明できますか。

（1）→ 左のオノマトペは、どんな痛みや体の調子を表していますか。

頭がガンガンする　　・　　・体に力が入らない。揺れているようだ。
フラフラする　　　　・　　・針で刺されるように、痛い。
ゾクゾクする　　　　・　　・頭を金づちで、たたかれるみたい。
チクチクする　　　　・　　・気持ちが悪い。吐き気がする。
ムカムカする　　　　・　　・寒気がする。体の中を冷たい風が吹いているみたい。

（2）→ あなたの国では、体の調子が悪いとき、どのように言いますか。

例）「～ように痛いです。」「とても気持ちが悪くて、～みたいです。」

....

支援者の方へ　　1つのオノマトペがいろいろな意味に使われますが、ここでは病気関連にとどめます。

ぶんぽうのまとめ

いろいろな「よう」

①だんだん日本語が話せる<u>ように</u>なりました。　　　　（まえと変わりました）（41課）
②日本語がもっと上手になります<u>ように</u>。　　　　　　（お祈りします）（41課）
③部屋を出るとき、必ず電気を消す<u>ように</u>してください。

　　　　　　　　　　　　　　　　　　　　　　　　　　　（いつもお願いします）（49課）

④お酒をあまり飲まない<u>ように</u>してください。

　　　　　　　　（「～てください」「～ないでください」よりソフトなお願い）（49課）

⑤毎日、1時間歩く<u>ように</u>しています。　　　　（いつもがんばっています！）（49課）
⑥家具が倒れない<u>ように</u>、留めておきます。　　　（（目的）ように～します）（51課）
⑦ブザーを押しても、返事がありません。留守の<u>よう</u>です。

　　　　　　　　　　　　　　　　　　　　　　　（たぶん……そう思います）（56課）

⑧暖かくて春の<u>よう</u>です。　　　　　　　　　　　　　　（似ています）（56課）

かいわ 🔊-33

（修理を頼む電話をする）

ラジャ　　　　　　：（メーカーのサービスセンターに電話）
サービスセンターの人：ただ今、電話が大変込み合っております。しばらくたってから、
　　　　　　　　　　また、おかけ直しください。
ラジャ　　　　　　：（20分後、メーカーのサービスセンターに電話）
サービスセンターの人：テレビ・冷蔵庫の修理は「1」を、エアコン・洗濯機の修
　　　　　　　　　　理は「2」を押してください。（呼び出し音）
サービスセンターの人：大変お待たせしました。エアコン修理担当の
　　　　　　　　　　大森です。
ラジャ　　　　　　：あのう、エアコンが故障したようなんですが……。
サービスセンターの人：それでは、形名を教えてください。
ラジャ　　　　　　：PA2-KKUU65です。
サービスセンターの人：緑のランプは、ゆっくり点滅していますか。

ラジャ	：いいえ。ピカピカ、速いです。
サービスセンターの人	：ああ、やはり故障ですね。

保証期間は5年です。保証書をお持ちですか。

形名

ピカ
ピカ

ラジャ	：絶対にあるはずですが、今なくて……。
	いくらぐらい、かかりますか。
サービスセンターの人	：保証書がない場合は、料金がかかります。

だいたい1万2千円から3万円ぐらいだと思います。それに、出張費は3千円です。

ルームエアコン保証書			
形名	PA2-KKUU65	製造番号	０９２３E
お客様	お名前	ラジャ・モハンマル	様
	ご住所	168-9090東京都杉並区××ハイツ207	
無料 保証期間	お買い上げ年月日 2015.12.02		5年間保証
販売元	デッキカメラ　新宿御苑前店 東京都新宿区××2-11-5		

56

ラジャ	：そうですか。

わかりました。早く修理に来てください。それまでに保証書を探しておきます。どこかにあるはずなので。

サービスセンターの人	：それでは後ほど、修理の担当からお電話をします。

エアコンが　故障したようです

どうし

ます形	動きます Ⅰ	くさります Ⅰ	こげます Ⅱ	残します Ⅰ
辞書形	動く	くさる	こげる	残す

ます形	鳴きます Ⅰ	散ります Ⅰ	吹きます Ⅰ	変わります Ⅰ
辞書形	鳴く	散る	吹く	変わる

ます形	込み合います Ⅰ
辞書形	込み合う

141

P.220　漢字17　校友数英強

57　小学生に　教えるのは　楽しいです

はじめに　おしゃべり　しましょう ➡ やったことがありますか。やってみたいですか。

ジョンさんは　小学校の　英語の　先生です。日本人の担任の先生といっしょに教えています。子どもたちは、ときどきジョンさんに英語で話しかけます。放課後は、子どもたちとドッジボールやサッカーをしています。毎日楽しそうです。

1　_____のは　楽しいです・_____のが　好きです。

小学生は　みんな　英語が　好きみたいです。
英語を　教えるのは　とても　楽しいです。

| 辞書形 | ＋ | のは | 楽しいです、おもしろいです…… |
| 辞書形 | ＋ | のが | 好きです、得意です…… |

　　　　　水泳は
　　海で　泳ぐのは　楽しいです。
　　（海で　泳ぎます）

　　　　　ドライブが
　　車を　運転するのが　好きです。
　　（車を　運転します）

142

れいぶん

1) みんなでなわとびをするのは、おもしろいです。
2) 学校でいろいろな動物を飼っています。娘 はうさぎの世話をするのが好きです。
3) ケーキやパンを焼くのが得意です。いつか店を開きたいです。
4) 連休は山に行こうと思っています。山を歩くのは気持ちがいいです。
5) みんなの前で話すのが苦手なんだ。
　　——ぼくもそうだよ。

れんしゅう

➡「〜のは〜です」「〜のが〜です」の文を作りましょう。絵にないことでもいいです。

例）買い物するのは楽しいです。

 ① ＿＿＿＿＿＿＿＿＿のは楽しいです。

② ＿＿＿＿＿＿＿＿＿のは危険です。

 ③ ＿＿＿＿＿＿＿＿＿のは気持ちがいいです。

④ ＿＿＿＿＿＿＿＿＿のはめんどうくさいです。

 ⑤ ＿＿＿＿＿＿＿＿＿のが好きです。

⑥ ＿＿＿＿＿＿＿＿＿のが嫌いです。

小学生に　教えるのは　楽しいです

支援者の方へ　「の」は文を名詞化する役割があります。「のは」のあとは感想、評価を表すことば、「のが」のあとは「好き、嫌い」「上手、下手」「早い、遅い」などのことばがきます。

はなしましょう ➡あなたはインドア派？ アウトドア派？ 何をするのが好きですか。

例）インドア派

　週末は たいてい うちに います。コーヒーを
飲みながら 本を 読むのが 好きです。

アウトドア派

わたしは よく サイクリングや スノボに
行きます。体を 動かすのが 好きです。

2　□□□のを 忘れました・知って いますか。

辞書形 ＋ のを 忘れました

テストに 名前を 書くのを 忘れました。

```
  普通形
 *な形容詞（な）  のを 知って いますか
 *名詞 ＋ な
```

となりの クラスに 転校生が 入ったのを 知って いますか。
来週の 月曜日 学校が 休みなのを 知って いますか。

支援者の方へ　2では、動詞「忘れる」と「知っている」に接続する場合の練習をします。

> れいぶん

1) きょうは水泳の授業がありますが、水着を持って来るのを忘れました。
2) 放課後帰るまえに、電気を消すのを忘れないようにしましょう。
3) 山川さんがニューヨークに転勤するのを知っていますか。
　　――ええ、先週聞きました。
4) 部長に会議の時間を知らせるのを忘れてしまいました。
5) 会社に入るまえはこの仕事が大変なのを知りませんでした。
6) 公園のとなりにコンビニができたのを知ってる？
　　――ううん、知らなかった。

> はなしましょう

（1）➡最近のニュースや興味がある話題について友だちと話しましょう。

例）

リーさんが 空手を 習って いるのを 知って いますか。

リーさんが 空手？ いいえ、知りませんでした。強そうですね。

（2）➡何かをするのを忘れて困ったことがありますか。友だちと話しましょう。

例）おととい目覚まし時計をセットするのを忘れました。

57

小学生に　教えるのは　楽しいです

3 ____のは〔名詞〕です。

ジョンさんは 今 6年生を 教えて いるんですか。

いいえ、わたしが 教えて いるのは 5年生です。

```
　普通形　　　
　　　　　　　｝のは　名詞　です
＊な形容詞(な)
```

ジョンさんたちは 区の 日本語スピーチ大会に 出ました。

優勝したのは だれ？

優勝したのは ノイさんです。

ノイさんが 優勝したのは いつ？

ノイさんが 優勝したのは 去年です。

支援者の方へ
・文の中である部分を強調したいときに「〜のは〜です」という言い方をします。
・「〜のは」の「〜」に非過去の名詞文が入ることはあまりありませんが、そのときは「名詞（な）のは名詞です」となります。

> **れいぶん**

1) アルくんは学校の授業で何が得意ですか。
 ——一番得意なのは算数です。
2) 日本語教室で一番背が高いのはジョンさんです。
3) 日本のアニメで何が好きですか。わたしは『ドラゴンボール』です。
 ——そうですか。わたしは『ドラゴンボール』も好きですが、一番好きなのは『ワンピース』です。
4) お待たせしました。エビフライとサラダです。
 ——あれっ、わたしが頼んだのはハンバーグですよ。
5) アルくんが生まれたのはどこ？
 ——ニューデリーだよ。

> **れんしゅう** ➡ ＿＿＿のことばを変えましょう。

例) リーさんは先週仙台へ行きました。
 ⇒リーさんが先週（　行った　）のは仙台です。
① 娘は5月に結婚します。
 ⇒娘が（　　　　　）のは5月です。
② 森田君はクラスで一番元気です。
 ⇒クラスで一番（　　　　　）のは森田君です。
③ 北海道は日本の都道府県で一番広いです。
 ⇒日本の都道府県で一番（　　　　　）のは北海道です。
④ 屋久島は1993年世界遺産になりました。
 ⇒屋久島が世界遺産に（　　　　　）のは1993年です。

> 😀😮 **はなしましょう** ➡ あなたの教室の友だちについて話しましょう。

クラスでだれが一番歌が上手ですか。
だれが漢字をよく知っていますか。
だれがいつも早く来ますか。

一番上手なのは
ラジャさんです。

57

小学生に　教えるのは　楽しいです

れんしゅう ➡ （ ）に「の」か「こと」を書きましょう。

例） 趣味は野菜を作る（ こと ）です。

わたしが好きな（ の ）はトマトときゅうりです。

① わたしの夢は宇宙飛行士になる（　　　）です。

② 居酒屋でいつも注文する（　　　）はビールとからあげです。

③ このセーターは洗濯機で洗う（　　　）ができます。

④ 書道をした（　　　）がありますか。

⑤ 彼女に初めて会った（　　　）は半年まえです。

かつどう ➡ 次の文章はニュージーランド人のマークさんが書きました。読んでから、質問に答えましょう。

わたしは2009年に初めて日本へ来ました。そして、京都の大学で経済を勉強しました。

週末は、大学の友だちと京都や奈良をあちこち自転車で回りました。環境に優しいし、気持ちがいいし、便利ですから、どこでも自転車で行きました。

平安神宮が一番好きでした。金閣寺や清水寺もよく行きました。

1年後、ニュージーランドへ帰りました。大学を卒業して、新聞社に就職しました。

2014年にアメリカを旅行したとき、夏子と会いました。そして、次の年に結婚しました。わたしはまた日本へ来ました。今は仙台に住んでいます。仕事は高校の教師です。職場や近所の人たちはみんなとても親切です。家は少し狭いですが、きれいだし、近くに公園もあるので、気に入っています。

支援者の方へ　「の」と「こと」はどちらも名詞化するときに使われます。「れんしゅう」で扱っている文型は「の」または「こと」のどちらかしか使われませんが、両方使われる文型もあります。

（１）➡①〜⑥の質問に答えましょう。

例）マークさんが初めて日本へ来たのは2014年ですか。

——いいえ、初めて日本へ来たのは2009年です。

マークさんは日本で何を勉強しましたか。

——マークさんが勉強したのは経済です。

① マークさんは東京の大学で勉強しましたか。

——_____

② マークさんが京都や奈良で一番好きだった場所はどこですか。

——_____

③ マークさんは日本で夏子さんと会いましたか。

——_____

④ マークさんが結婚したのはいつですか。

——_____

⑤ マークさんは今京都に住んでいますか。

——_____

⑥ マークさんは今どんな仕事をしていますか。

——_____

（２）➡あなたが日本に来てからのことを話しましょう。

かいわ

（1）　◀))-34

教頭先生：ジョン先生、5年生はどうですか。

ジョン　：大きい声でよく話します。きょうは「わたしはだれ？」のゲームをし
　　　　　ました。

教頭先生：どんなゲームですか。

ジョン　：最初に自分のことをカードに書きます。例えば「わたしは泳ぐのが
　　　　　得意です」「まんがをかくのが好きです」「わたしはきのう宿題をす
　　　　　るのを忘れました」と英語で書きます。

教頭先生：おもしろそうですね。

ジョン　：みんなが書き終わったら、カードを集めて、読みます。そして、だれ
　　　　　のことか考えます。

教頭先生：なるほど。だれのことかわかりましたか。

ジョン　：はい。みんな一生懸命聞いて、答えました。

教頭先生：それはよかった。楽しそうな授業ですね。

ジョン　：授業で何をするか考えるのは大変ですが、楽しいです。

（2）　◀))-35

マリオ：田中さん、きょうはいつもより歩くのがゆっくりですね。

田中　：体中が痛くて……。

マリオ：えっ、どうしたんですか。

田中　：けがじゃありませんから、心配しないでくださいね。筋肉痛です。

マリオ：筋肉痛？

田中　：週末に山形の実家で雪かきをしたんです。最近わたしは運動不足で
　　　　……。雪かきをしたら、あちこち痛くなりました。

マリオ：雪がたくさん降ると、大変ですね。

田中　：ええ。子どものころは雪で遊ぶのが好きでしたが、
　　　　今はあんまり……。両親が雪かきをするのは無
　　　　理ですから、いつもボランティアの人にお願いしています。

マリオ：今度お手伝いに行ってもいいですか。

150

田中　：もちろんです。両親もきっと喜びます。

マリオ：じゃあ、ジョンさんも誘って、いっしょに行きます。

田中　：ありがとうございます。

どうし

ます形	話しかけます Ⅱ	開きます Ⅰ	回ります Ⅰ	気に入ります Ⅰ
辞書形	話しかける	開く	回る	気に入る

ます形	書き終わります Ⅰ	集めます Ⅱ
辞書形	書き終わる	集める

✎ マイノート

57

小学生に　教えるのは　楽しいです

151

P.222　漢字18　働運通洗歌

58　子どもに　夢を　持たせたいです

 ➡ 子どものとき、何か習い事をしていましたか。

ノイさんの赤ちゃんはもうすぐ生まれます。ノイさんはどんなお母さんになると思いますか。まず子どもの将来について、親の立場で考えてみましょう。そして、子どもの立場だったらどうするか、自分の子どものときを思い出してみましょう。

1　使役

お子さんは　習い事を　していますか。

アルを　水泳教室に　行かせて　います。

お子さんは　お手伝いを　しますか。

食事の　あと、アルに
食器を　かたづけさせます。

歯医者さんに　行きなさい！

Ⓐ

（Ⓐは　言います。命令します。　　Ⓑは　します。）

行きたくないけど……。

Ⓑ

Ⓐは　Ⓑを　**使役動詞**

子どもは　歯医者に　行きます
父は　子どもを　歯医者に　行かせます。

Ⓐは　Ⓑに　〜を　**使役動詞**

子どもは　きらいな　野菜を　食べます
母は　子どもに　きらいな　野菜を　食べさせます。

使役動詞

Ⅰグループ			Ⅱグループ		
いきます→いか<s>ない</s>　→いか**せる**			かたづけます→かたづけ<s>ない</s>→かたづけ**させる**		
	使役動詞			使役動詞	
かよいます	かよわせます	かよわせる	たべます	たべさせます	たべさせる
たちます	たたせます	たたせる	おぼえます	おぼえさせます	
やります	やらせます	やらせる	あびます		
よみます			Ⅲグループ		
かきます			きます	こさせます	
はなします			します	させます	

れんしゅう　➡　上の表の□に使役動詞を書きましょう。

....

支援者の方へ　「人は人を使役動詞」には自動詞が入ります。「人は人に（目的語）を使役動詞」には
他動詞が入ります。自動詞には「行く」「通う」「来る」「座る」「立つ」「遊ぶ」「並ぶ」
「留学する」などがあります。
※「寝る」「起きる」は、使役動詞「寝させる」「起きさせる」より他動詞「寝かす（寝
かせる）」「起こす」をよく使います。

58

子どもに　夢を　持たせたいです

れいぶん

1) 田中さんは、息子が将来困らないように、いつも料理を手伝わせています。
2) アル君は、字がきれいですね。
　　——そうですか。毎日、習った漢字を3回ずつ書かせているんですよ。
3) ご家庭でも、お子さんにかけ算の九九を覚えさせてください。
　　——先生、うちではカードを作って、毎日声を出して読ませています。
4) （連絡帳）「インフルエンザなので、1週間学校を休ませます。アルの母」
5) この大学では、学生全員にインターンシップを経験させて、どんな仕事が自分に合うか考えさせています。
6) 今、六本木交差点にいます。
　　——すぐ社員を迎えに行かせますので、カフェAの前でお待ちください。

れんしゅう

→ ①〜⑤の絵を見て、「AはBを／に（　　）せます／させます」の文を作りましょう。

例）（行きます）　　①（塾に通います）　　②（立ちます）

例）お父さんは子どもを買い物に行かせます。
① お父さんは子どもを＿＿＿＿＿＿＿＿＿＿＿＿＿＿＿＿＿＿
② お父さんは子どもを＿＿＿＿＿＿＿＿＿＿＿＿＿＿＿＿＿＿

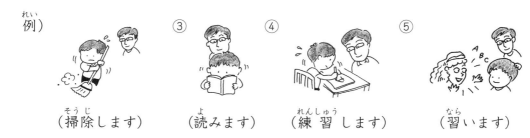

例) お父さんは子どもに部屋を掃除させます。
③ お父さんは子どもに＿＿＿＿＿＿＿＿＿＿＿＿＿＿＿＿＿＿
④ お父さんは子どもに＿＿＿＿＿＿＿＿＿＿＿＿＿＿＿＿＿＿
⑤ お父さんは子どもに＿＿＿＿＿＿＿＿＿＿＿＿＿＿＿＿＿＿

れんしゅう ➡ コンビニです。店長は、新しいバイトの人に何をさせますか。

例) 窓をふかせます。

はなしましょう ➡ 親なら、子どもに何をさせたいですか。させたくないですか。

例) 子どもに甘いお菓子を食べさせたくないです。

2 〔使役動詞〕て くれます・て もらいます

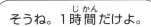

（Aは OK します。 Bは したい ことが できます。）

```
Aは （わたしに／を） 使役動詞 ＋ て くれます
Bは Aに 使役動詞 ＋ て もらいます
```

母は 公園で （わたしを） 自由に 遊ばせて くれました。
（わたしは） 先輩に 車を 使わせて もらいます。

れいぶん

1) 日本でアニメを勉強したかったので、両親に頼みました。両親はわたしを留学させてくれました。

2) わたしが必ず世話をすると言ったので、母はやっと犬を飼わせてくれました。

3) ゆうべおじに、銀座でおいしいおすしを食べさせてもらいました。

4) 日本語教室に行くために、火曜だけ課長に早く帰らせてもらっています。

5) 両親は、いろいろな経験を聞かせて、わたしに将来の夢を持たせてくれました。

れんしゅう ➡「する」人は、だれですか。

例) 友人は、店長にアルバイトを休ませてもらいました。
→「休む」人は（　友人　）です。

① 課長は、日本語教室に通わせてくれました。
→「通う」人は（　　　　　）です。

② 山田さんは、あの女優さんに写真をとらせてもらいました。
→「とる」人は（　　　　　）です。

③ あそこの喫茶店のマスターは、いつもおいしいコーヒーを飲ませてくれます。
→「飲む」人は（　　　　　）です。

④ アパートが決まるまで、友だちの家に荷物を置かせてもらいました。
→「置く」人は（　　　　　）です。

はなしましょう ➡ ご両親は、あなたがしたいことをさせてくれましたか。「ありがとう」の気持ちを「〜せて／させてくれます」を使って、言いましょう。

例) 実は日本人と結婚したいと言ったとき、初め両親は反対しました。でも、最後には結婚させてくれました。

58

子どもに　夢を　持たせたいです

157

3 使役受身

（Bはしたくないのに、Aが無理にさせます。Bの気持ちは……。）

Bは Aに 使役受身

母は わたしを 塾に 通わせます。
わたしは 母に 塾に 通わされます。

母は わたしに 牛乳を 飲ませます。
わたしは 母に 牛乳を 飲まされます。

支援者の方へ　使役受身の文では、被害の気持ちを表すことが多いです。

使役受身

Ⅰグループ		Ⅱグループ	
いか**せ**ます → いか**され**ます		かたづけ**させ**ます → かたづけ**させられ**ます	
使役動詞	使役受身	使役動詞	使役受身
てつだわせます	てつだわされます	たべさせます	たべさせられます
いそがせます		やめさせます	
たたせます		あびさせます	
やらせます		Ⅲグループ	
よませます		こさせます	こさせられます
かかせます		させます	させられます

れんしゅう → 上の表の □ に使役受身を書きましょう。

れいぶん

1）会社の新人歓迎会で、先輩にお酒を飲まされました。
2）職場の仲間とカラオケに行って、苦手な歌を歌わされた。
3）きのう、姉に荷物運びをやらされたので、肩こりがひどいです。
4）デートのとき、彼女に30分以上待たされたら、どうしますか。
5）結婚したとき、妻にたばこをやめさせられました。でも今はやめて、ほんとうによかったと思っています。

子どもに 夢を 持たせたいです

支援者の方へ　Ⅰグループの使役受身には長い形「せられる」もありますが、ここでは短い形「される」のみ学習します。「話す」「直す」などは、短い形はなく、「はなさせられる」になります。これらの動詞は扱っていません。

れんしゅう ➡ ①～⑤の絵を見て、使役受身の文を作りましょう。

例) 子どもはお父さんに部屋を掃除させられます。

① 子どもはお父さんに＿＿＿＿＿＿＿＿＿＿＿＿＿＿＿＿＿＿＿
② 子どもはお父さんに＿＿＿＿＿＿＿＿＿＿＿＿＿＿＿＿＿＿＿
③ 子どもはお父さんに＿＿＿＿＿＿＿＿＿＿＿＿＿＿＿＿＿＿＿
④ 子どもはお父さんに＿＿＿＿＿＿＿＿＿＿＿＿＿＿＿＿＿＿＿
⑤ 子どもはお父さんに＿＿＿＿＿＿＿＿＿＿＿＿＿＿＿＿＿＿＿

はなしましょう ➡ 自分はしたくないのに、だれかに、させられたことがありますか。

例) 兄に、重い荷物を持たされました。

かいわ

（1）🔊 -36

課長：新入社員の研修計画を作ってくれましたか。

社員：はい、これでいかがでしょうか。

1日目は、会社のルールやマナーについて、

2日目は、ことばの使い方や電話のかけ方などです。

課長：こちらから説明をするだけではだめだよ。

社員：はい、自分たちで考えさせる時間を作ります。お客様の会社へ行く場
合は、どうしたらよいかなどを相談させます。

課長：それはおもしろそうだね。メモの取り方、報告の仕方なども練習すると、

いいね。

社員：3日目は、会社について自分の考えを自由に話させます。

課長：新人でも会社に夢を持ってもらいたいね。

2018.4
新入社員研修
1日目・・・
2日目・・・
3日目・・・

（2）🔊 -37

リー　：マリオさん、会社の忘年会はどうだった？

マリオ：ちょっと大変だった。課長はお酒を飲むと、話が止まらないんだ。ずっ
と奥さんの自慢話を聞かされて……。

リー　：へえ。

マリオ：リーさんも忘年会でカラオケに行ったんでしょ？

リー　：うん、でも部長がずっと歌っていて、わたしは1曲しか歌わせてもらえ

なかった。

マリオ：ふうん、残念だったね。

リー　：もっと歌いたかったなあ。

どうし

ます形	迎えに行きます Ⅰ	ふきます Ⅰ
辞書形	迎えに行く	ふく

支援者の方へ　かいわ（1）の「これでいかがでしょうか」の「でしょうか」は、「〜ですか」の丁寧
な言い方です。

58

子どもに　夢を　持たせたいです

161

P.224 漢字 19 兄弟姉妹夫家

59 赤ちゃんが 生まれたんだって！

 → ほかの人に知らせたいニュースや情報がありますか。

 夫がテレビに出ます。グルメの番組です。

今、○○公園は紅葉がとてもきれいですよ。

ノイさんは、赤ちゃんが生まれるので、日本語教室に来ていません。きょう田中さんはノイさんのご主人の一郎さんから電話をもらいました。一郎さんは「けさ子どもが生まれました。女の子です。ノイも赤ん坊も元気です。」とうれしそうに言いました。田中さんは、さっそくメールで日本語教室のみんなにこのうれしいニュースを伝えます。

1 聞いたことを伝える

 もしもし、けさ 子どもが……！

 あ、おめでとうございます！

宛先
にほんごグループ
件名
赤ちゃん、たんじょう
本文
皆さん、うれしいニュースです。ノイさんに赤ちゃんが生まれたそうです。＿＿＿＿
＿＿＿＿＿＿＿田中

ノイさんに赤ちゃんが生まれたんだって！

```
┌─────────────────────┐       ┌──────────────────────────┐
│ 普通形 + そうです 👂))) │       │ 普通形 + んだって 👂)))      │
└─────────────────────┘       │ *な形容詞(母)  ┐           │
                              │              ├ だって(なんだって) │
                              │ *名詞         ┘           │
                              └──────────────────────────┘
```

赤ちゃんが 生まれたそうです。　　　　　赤ちゃんが 生まれたんだって。
　　　女の子だそうです。　　　　　　　　女の子だって。(女の子なんだって。)
　　　元気だそうです。　　　　　　　　　元気だって。(元気なんだって。)
　　　大きいそうです。　　　　　　　　　大きいんだって。

れいぶん

1) (メールで)「病院は十字病院だそうです。一郎さんの話によると、荻窪から徒歩7分ぐらいで行けるそうです。」
2) 課長の話だと、今の部長は来月大阪へ転勤だそうですよ。
　──えっ、ほんとうですか。新しい部長はどんな人かなあ。
3) 病院は駅から近いんだって。面会時間は夜7時までだって。
会いに行かない?
4) 友だちから聞いたんだけど、駅前においしいラーメン屋ができたんだって。
　──へえ、今度行ってみようか。
5) ジョン:マリオさん、今の会社をやめるんだって。
　リー　:えっ、ほんとう? だれに聞いたの?
　ジョン:マリオさんが言っていたよ。

支援者の方へ　この課で学習する「〜そうです」「〜んだって」は、人から聞いたり、テレビやインターネットを見たり、新聞や本などを読んだりして知った情報を相手に伝える伝聞の言い方です。ここでは耳のマークをつけました。(54課P.118「そうです」目のマーク参照)フォーマルな話や書きことばでは「そうです」をよく使います。「〜んだって」は親しい人との話しことばで使います。

れんしゅう ➡ 聞いたことを伝える言い方に○、そうでないものには×をつけましょう。

例1）（ × ）田中さん、すみません。今度の日本語教室は休みます。
例2）（ ○ ）リーさん、来週休むんだって。

① （　）今年の夏祭りは8月12日と13日だそうです。
② （　）あそこのカレー屋さん、おいしいよ。
③ （　）あそこのカレー屋さん、おいしいんだって。ネパール人がやっているみたいだよ。
④ （　）わあ、このカレー、おいしそうだね。食べたいなあ。
⑤ （　）先月できた温泉に行ってみたけど、すごくいいよ。
⑥ （　）あの温泉、とてもいいそうですよ。今度いっしょに行きませんか。

はなしましょう ➡ お勧めのレストランや新しい店などについて1分間、となりの人と話しましょう。（店以外の情報でもいいです。）聞いた人はほかの人に伝えましょう。

駅前の スペイン料理の 店、おいしいよ。きれいだし……

リーさんは ジョンさんに 伝えます。

駅前の スペイン料理の 店、きれいで、おいしいんだって。

ふうん、今度行きたいね。

もういっぽ

聞いたことをほかの人に伝える言い方は、ほかにもいろいろあります。

> リーさんが、あの店、おいしいって言ってたよ。

> あの店、おいしいらしいよ。

> マリオさんへ ○○商事の佐藤さんから電話がありました。
> 5時ごろまた電話するとのことです。

かつどう

面会

ノイさんと赤ちゃんはまだ入院しています。みんなで会いに行きました。
病院の受付に案内や面会のルールが書いてあります。

（1）➡ペアになって、1人はAシートを、もう1人はBシート（P.230）を、声を出さないで読んでください。わかったことを相手に伝えましょう。

Aシート

ご面会の方へお願い

1. ご面会の方は受付で、お名前、部屋番号、時間をお書きください。
2. 面会時間は13時〜19時です。
3. お見舞いの飲食物については、看護師にご相談ください。
4. 小さいお子さんは病室に入れません。

例）A：面会する人は、受付で名前と部屋番号と時間を書くそうです。

（書くんだって。）

（2）➡Aシートの人は下の吹き出しを、Bシートの人はP.230の吹き出しを使って、相手と話してみましょう。

> ノイさんと お茶でも 飲みたいね。

> 車の 駐車券は どこに 出すの？

2 いただきます・くださいます。
　　　　□□て　いただきます・□□て　くださいます。

「ノイさん、一郎さん、おめでとうございます。」

「来て　くださって、ありがとうございます。」

皆さんに　プレゼントを　いただきました。
皆さんが　プレゼントを　くださいました。
皆さんに　来て　いただきました。
皆さんが　来て　くださいました。

ぶんぽうのまとめ

	ていねいな言い方（敬語）
友だちにもらいます	先生にいただきます
友だちは／がくれます	先生は／がくださいます
友だちに教えてもらいます	先生に教えていただきます
友だちは／が教えてくれます	先生は／が教えてくださいます

れいぶん

1) 日本語教室の皆さんに出産祝いをいただきました。
2) 田中さんが子どもの絵本をくださいました。『いないいないばあ』という絵本です。
3) 田中さん、送ってくださった絵本はとてもかわいいですね。
4) 皆さんにいただいたベビー服は娘によく似合います。すてきな服を選んでいただいて、ほんとうにうれしいです。
5) 子育てをしている人と友だちになりたいです。田中さん、だれか紹介してくださいませんか。
6) 日本語教室のことを、ときどき知らせていただきたいです。またいつか参加したいので。

れんしゅう → ＿＿＿にことばを入れて、お礼や感謝の気持ちを伝えましょう。

例1）（写真を送ってくれた人に）
　　　<u>写真を送ってくださって</u>、ありがとうございました。

例2）（かさを貸してもらったあとで）
　　　<u>かさを貸していただいて</u>、助かりました。

① （浅草へ連れて行ってもらったあとで）
　　＿＿＿＿＿＿＿＿＿＿＿＿＿＿＿＿＿＿＿＿、楽しかったです。

② （家に招待してくれた人に）
　　＿＿＿＿＿＿＿＿＿＿＿＿＿＿＿＿＿＿、ほんとうにありがとうございました。

③ （パーティーに来てもらったとき）
　　＿＿＿＿＿＿＿＿＿＿＿＿＿＿＿＿＿＿、うれしいです。

かつどう → プレゼントをもらったり、親切にしてもらったりしたときのお礼のメール
を書きましょう。

59

赤ちゃんが　生まれたんだって！

宛先
リーさん

件名
お礼

本文
すてきなプレゼントをありがとうございました。いただいたTシャツの色は、わたしの好きな色です。サイズもぴったりです。＿＿＿＿＿＿＿＿＿＿＿＿＿＿＿＿＿＿＿＿＿＿けい子

167

③ 〔使役動詞〕て くれませんか・て もらえませんか。
　　て くださいませんか・て いただけませんか。

（自分の したい ことを お願いします）
一郎さんは タイマッサージの 店を 経営して います。予約の お客 さんに 電話します。

申し訳ありませんが
きょうの マッサージを
休ませて いただけませんか。
実は ゆうべ 子どもが 生まれたんです。

それは おめでとうございます。
じゃあ、来週 お願いします。

れんしゅう ➡ する人（したい人）は「わたし」ですか。「あなた」ですか。

例1） 行ってください。（あなた）　　例2） 行かせてください。（わたし）

① 写真をとってくださいませんか。（　　　　）
② 写真をとらせてくださいませんか。（　　　　）
③ 案内させていただけませんか。（　　　　）
④ 案内していただけませんか。（　　　　）

れいぶん

1) 頭が痛いので、きょうは早く帰らせていただけませんか。
　　——わかりました。お大事に。
2) イベントの準備、大変そうですね。わたしにも手伝わせてくれませんか。
3) この荷物を運ばなければならないんです。ちょっと自転車を使わせてもらえませんか。
　　——どうぞ使ってください。

4）A：どなたか、イベントで歌か楽器の演奏をやってくださいませんか。

　　B：今、日本の歌を練習しているんです。歌わせてくれませんか。

　　A：ぜひお願いします。

5）市民課で転入届を出す外国人が増えています。

　　――わたしに通訳のボランティアをやらせていただけませんか。

ぶんぽうのまとめ

て い ね い ↓	使役動詞　＋　てくれませんか	使役動詞　＋てもらえませんか
	使役動詞　＋　てくださいませんか	使役動詞　＋ていただけませんか

ていねい　→

かつどう → ていねいにお願いしましょう。

		だれに「お願い」するか	自分がしたいことを許可してもらう
例）	会話	となりの人に	洗濯物が庭に落ちたので取りたい
①	会話	向かいの家の人に	引っ越しして来るので、家の前に車をとめたい
②	電話	レストランに	予約してあるが、急にキャンセルしたい
③	会話	会社の上司に	休みを1週間取りたい
④	メール	アルバイトしたい会社に	面接を受けたい

例）すみません。お宅の庭に洗濯物が落ちてしまいました。取らせていただけませんか。

59

赤ちゃんが　生まれたんだって！

169

かいわ

（1） 🔊-38

リー　：ノイさん、一郎さん、おめでとう！　わあ、かわいい赤ちゃんですね。

一郎　：皆さん、きょうはわざわざ来てくださって、ありがとうございます。

ノイ　：みんな来てくれて、ほんとうにうれしいな。

マリオ：ノイさん、元気そうだね。田中さんはきょう大事な用事があって、来られないんだって。これは田中さんからのお祝いのカードだよ。

リー　：赤ちゃん、ほんとうにかわいいなあ。ねえ、ちょっと抱っこさせて。

一郎　：じゃあ、みんなでいっしょに写真をとりましょう。

・・・・・・・

マリオ：もう赤ちゃんの名前は決まった？

ノイ　：うん、「ひな子」っていうの。生まれるまえから一郎さんと相談して、決めていたの。女の子なら「ひな子」にしようって。

マリオ：わあ、かわいい名前だね。

リー　：そうそう、一郎さん、会社の人に聞いたんですが、区役所には14日以内に届けないといけないそうですね。

一郎　：ええ、そうなんですよ。役所の手続きがいろいろあって、忙しいですね。

（2） 🔊-39

課長　：さくらも満開になりそうだし、土曜日の昼、お花見をしませんか。

社員1：もちろん賛成です。

課長　：だれか場所を取ってくれませんか。

社員2：はい。ぼくにやらせてください。朝からがんばります。

社員1：場所取りは1人じゃ大変でしょう？　わたしにも手伝わせてください。

社員2：飲み物はぼくが買います。でも、食べ物はだれかに頼んでもいいですか。

社員1：あのう、わたしに、お弁当を買いに行かせていただけませんか。銀座のデパ地下で買ってみたいんです。

課長　：じゃあ、お願いします。1人3千円、会社が出してくれるそうですよ。

170

どうし

ます形	伝えます Ⅱ	いただきます Ⅰ	くださいます Ⅰ	届けます Ⅱ
辞書形	伝える	いただく	くださる	届ける

✏️ マイノート

59　赤ちゃんが　生まれたんだって！

171

復習（３）

【1】目の「そう」・耳の「そう」

（1）➡目の「そう」と耳の「そう」を使って、表を完成させましょう。

	目の「そう」	耳の「そう」
例）（雨が）ふります	ふりそうです	ふるそうです
あります		
ねます		
（台風が）きます		
かたいです		
やわらかいです		
ひまです		
たいへんです		

（2）➡___の「そうです」は、A（目の「そう」）ですか。B（耳の「そう」）ですか。

例）あしたは晴れそうです。（A）　あしたは晴れるそうです。（B）

① A：わあ、この刺し身、おいしそうですね。（　）これは、何の魚ですか。
　　B：さっき、板前さんに聞いたんですが、アジだそうです。（　）今朝、魚市場で買って来たそうです。（　）

② A：この写真の人はだれですか。ちょっと神経質そうな人ですね。（　）
　　B：この人は夏目漱石です。日本の有名な小説家です。若いころ、イギリスに留学していたそうですよ。（　）

③ A：この写真の子どもは何歳ですか。
　　B：ああ、リンさんのお子さんですね。10か月だそうです。（　）
　　A：もう立っていますね。もうすぐ歩きそうですね。（　）

神奈川近代文学館
所蔵

【2】 ➡️何と言っていますか。

①わあ、＿＿みたい！
②リーさん、ちょっと＿＿んだって。
③だれか＿＿みたい。
④ジュース、＿＿ちゃった。
⑤＿＿そう！
⑥わたしにも＿＿せて。
⑦早く＿＿たほうがいいよ。

【3】 ➡️2つの文を読んで、「　」の中に名前を書きましょう。

例） スーダさんはアル君にピーマンを食べさせました。
　　アル君はスーダさんにピーマンを食べさせられました。
　　　　→ピーマンを食べたのは「　アル　」君です。

① 田中君に荷物を持たされました。
　　山田君に荷物を持たせました。
　　　　→荷物を持ったのは「　　　　　」君です。

② 毎日 夫 にお弁当を作ってもらいます。
　　毎日妻にお弁当を作らされます。
　　　　→お弁当を作るのは「　　　　　」です。

③ ノイさん：わたしに写真をとらせてください。
　　ジョンさん：じゃあ、富士山をバックにとってもらってもいいですか。
　　　　→写真をとるのは「　　　　　」さんです。

173

P.226　漢字 20　性員親正様方

60 課長は　いらっしゃいますか

➡ 家族以外の人に日本語で電話をかけることがありますか。電話のとき、どんなことに気をつけて、話しますか。

マリオさんは今、転職を考えています。新しい会社に履歴書を送りました。その会社は食品の輸入をしています。きょうは人事部の課長に電話をかけて、面接のことを聞こうと思います。日本語で電話をかけるときは、ていねいな話し方をしなければなりません。マリオさんは友だちのけい子さんに聞きながら練習しました。

この間、履歴書を送ったんですが、佐藤課長は　いますか。

マリオさん、敬語を　使って　ちゃんと　話さないと　だめですよ。

「敬語」を使った話し方 🔊-40

さんぽ商事の人：さんぽ商事でございます。

マリオ　　　　：先日履歴書をお送りした者ですが、人事部の佐藤課長はいらっしゃいますか。

さんぽ商事の人：申し訳ございません。佐藤はただいま外出中で、きょうは社には戻らないとのことです。明日は出社の予定です。

マリオ　　　　：では明日、課長が会社に来られましたら、マリオから電話があったとお伝えください。またご連絡します。

さんぽ商事の人：マリオ様ですね。承知いたしました。

174

> ぶんぽうのまとめ

敬語について

尊敬語：目上の人や相手を高めて言う　　謙譲語：自分や自分たちを低めて言う

そのほかにも、「〜ございます」や「お茶」「お料理」「ご近所」「ご結婚」などのていねいな言い方があります。

1 特別な形（尊敬・謙譲）

 佐藤課長は いらっしゃいますか。

佐藤は 外出して おります。

	尊敬（○○さんが）	謙譲（わたし・わたしたちが）
行きます 来ます	いらっしゃいます	まいります
います	いらっしゃいます	おります
〜て います	〜て いらっしゃいます	〜て おります
食べます 飲みます	めしあがります	いただきます
します	なさいます	いたします
見ます	ごらんに なります	はいけんします
言います	おっしゃいます	もうします
知って います	ごぞんじです	ぞんじて おります
知りません	──	ぞんじません
聞きます	──	うかがいます
（うちへ）行きます	──	
会います	──	お目に かかります

支援者の方へ　「いらっしゃいます」「なさいます」「おっしゃいます」の「います」は、「ります」が変化したものです。

れんしゅう

（1）➡敬語を使って、言いましょう。

例）あした、うちにいますか。
　⇒あした、お宅にいらっしゃいますか。

10時に行きます。
　⇒10時に伺います。

①マリオ・デ・シルバと言います。
⇒＿＿＿＿＿＿＿＿＿＿＿＿＿＿＿

②これ、見ますか。　　③乗車券を見ます。　　④ワインを飲みますか。
⇒＿＿＿＿＿＿＿　　⇒＿＿＿＿＿＿＿　　⇒＿＿＿＿＿＿＿

⑤どちらの着物にしますか。　　⑥失礼ですが、名前は何と言いますか。
⇒＿＿＿＿＿＿＿＿＿＿　　　⇒＿＿＿＿＿＿＿＿＿＿＿＿＿＿

　　　　　　　　　　　　　　　田中さんを知っていますか。
　　　　　　　　　　　　　　　⇒＿＿＿＿＿＿＿＿＿＿＿＿＿＿

（2）➡2人で役割を決めて、上の①〜⑥の会話をしてみましょう。

はなしましょう ➡ 店や駅、電車の中で、どんな敬語を聞いたことがありますか。

176

２ お_____に なります。(尊敬)

お＋ます形(ます)＋に なります

何時ごろ、お戻りに なりますか。

帰ります ⇒ お帰りに なります
＊見ます ⇒ ごらんに なります（１ 特別な 形（尊敬・謙譲））

れんしゅう ➡ 「お～になります」の敬語を使って、言いましょう。

例） タクシーに乗りますか。 ⇒タクシーにお乗りになりますか。
① この雑誌を読みますか。 ⇒_____
② はしを使いますか。 ⇒_____
③ 疲れましたか。 ⇒_____
④ 少し休みますか。 ⇒_____

はなしましょう ➡ レストランで店員はどんな言い方をしますか。絵を見て、話しましょう。

60 課長は いらっしゃいますか

支援者の方へ　「見ます」のように「ます」の前が一音節の場合、「お～になります」の形は作れません。

3 お▭ください・ご▭ください。（尊敬）

マリオから 電話が あったと お伝え ください。

わかりました。明日 また ご連絡 ください。

お ＋ ます形（ます）
ご ＋ 名詞
　　　　　　　　　　　　　　　　　　 くださ い

待って ください ⇒ お待ち ください
連絡して ください ⇒ ご連絡 ください

れんしゅう ➡「お～ください」「ご～ください」の言い方にしましょう。

例）入ってください。　⇒　お入りください。
① 書いてください。　⇒　＿＿＿＿＿＿＿＿＿＿
② 試着してください。　⇒　＿＿＿＿＿＿＿＿＿＿
③ 考えてください。　⇒　＿＿＿＿＿＿＿＿＿＿
④ 準備してください。　⇒　＿＿＿＿＿＿＿＿＿＿

れんしゅう ➡ 次の言い方はどんな意味ですか。右から選んで、線で結びましょう。

例）「どうぞお持ちください」　・　　　　・座ってください。
① 「おいでください」　・　　　　・しないでください。
② 「おかけください」　・　　　　・うちに入ってください。
③ 「お上がりください」　・　　　　・あげます。持って行ってください。
④ 「ご遠慮ください」　・　　　　・来てください。

支援者の方へ　・漢語の名詞の前には「ご」がつきます。ただし「お電話」のような例外もあります。
・次ページの「れんしゅう」では、「おいでください」のように元の動詞があまり使われず、慣用的な表現になっているものもあります。

178

れんしゅう ➡ 着物の店にお客さんが来ました。店の人になって、ていねいな言い方で言ってみましょう。

例）いらっしゃいませ。どうぞこちらへ（お入りください）。

60 課長は　いらっしゃいますか

4 ☐ れます・☐ られます。（尊敬）

明日は 出社されますか。

尊敬動詞

Ⅰグループ		Ⅱグループ	
	尊敬動詞		尊敬動詞
かきます	かかれます	でます	でられます
はなします	はなされます	とめます	とめられます
まちます	またれます	おきます	おきられます
よみます	よまれます	Ⅲグループ	
のります	のられます	きます	こられます
つかいます	つかわれます	します	されます

れんしゅう → マリオさんは、新しい会社を紹介してくれた先輩と昼ごはんを食べながら、いろいろ話しています。次の会話を「～れる・～られる」の尊敬動詞を使った言い方に、変えましょう。

例) いつ出張に（行きますか）⇒行かれますか。

マリオ：いい店ですね。先輩はよく①（来るんですか）⇒ ＿＿＿＿＿＿。
先輩：ときどき友だちと来るんだ。ところでマリオ君、履歴書は送った？
マリオ：ええ、先週送りました。でも、大丈夫かなあ。先輩はどう
②（思いますか）⇒ ＿＿＿＿＿＿。
先輩：マリオ君なら、きっと大丈夫だよ。佐藤課長と会ったことがあるけれど、いい人だよ。
マリオ：そうですか。いつ③（会ったんですか）⇒ ＿＿＿＿＿＿。
先輩：去年国際食品フェアで。いっしょに食事もしたんだ。英語も中国語も上手な人だよ。
マリオ：へえ、いろいろな外国語を④（話すんですね）⇒ ＿＿＿＿＿＿。

支援者の方へ ４の尊敬は受身と同じ形です。Ⅱグループは可能とも同じ形です。尊敬語は、「～れます・～られます」→「お～になります」→特別な形の順に丁寧度が上がります。

5 お___します・ご___します。(謙譲)

お + ます形(~~ます~~) } します
ご + 名詞

また ご連絡します。

話します ⇒ お話しします
説明します ⇒ ご説明します

れんしゅう ➡ 謙譲語を使って、言いましょう。

例) 手伝います ⇒ <u>お手伝いします</u>　案内します ⇒ <u>ご案内します</u>

①
紹介します
⇒_____

②
見せます
⇒_____

③
説明します
⇒_____

④
持ちます
⇒_____

⑤
預かります
⇒_____

⑥
とります
⇒_____

60 課長は いらっしゃいますか

れいぶん

1) 課長、きのうマリオさんとおっしゃる方から電話がありました。
2) 課長はもう、マリオさんの履歴書をごらんになりましたか。
   ——ええ、見ました。
3) いつマリオさんとお会いになりますか。
   ——来週、会いましょう。

4) 面接日が決まりましたら、お知らせください。スケジュール表に書いておきますので。
   ——わかりました。あとで知らせます。
5) マリオ・デ・シルバと申します。先日履歴書をお送りしました。
6) きょうは地下鉄で来られましたか。
   ——いいえ、JRで参りました。

かつどう

（1）➡佐藤課長はマリオさんの面接をします。＿＿＿に敬語を入れて、会話を作りましょう。

（トントン）
佐藤課長：どうぞ①（入ってください）⇒ ＿＿＿＿＿＿＿。
（マリオ、部屋に入る）
マリオ　：失礼します。

・・・・・・

初めまして。マリオ・デ・シルバと②（言います）⇒ ＿＿＿＿＿＿＿。
きょうはお時間をいただきまして、ありがとうございます。
佐藤課長：どうぞ③（座ってください）⇒ ＿＿＿＿＿＿＿。
（マリオ、座る）
人事部の佐藤です。
履歴書を④（見ました）⇒ ＿＿＿＿＿＿＿。

きょうはマリオさんにいろいろ⑤(聞きたい) ⇒ _____
と思います。まず、自己紹介をしてください。

マリオ　：はい、わたしは3年まえにブラジルから⑥(来ました) ⇒ _____。
今はいっぽ自動車で自動車部品の営業の仕事を⑦(しています)
⇒ _____。

佐藤課長：そうですか。もう少し質問させてください。どうしてこの会社に
入りたいと思ったんですか。

・・・・・・

佐藤課長：では、また⑧(連絡します) ⇒ _____。

マリオ　：きょうはありがとうございました。では⑨(連絡を待っています) ⇒
_____。失礼します。

（2）➡佐藤課長はマリオさんにいろいろ質問します。佐藤課長とマリオさん役になって、会話をしましょ
う。マリオさんはできるだけていねいに話してください。

例）マリオさんのご両親は日本にいらっしゃるんですか。

――いいえ、ブラジルのサンパウロに住んでおります。

60

課長は　いらっしゃいますか

（3）➡佐藤課長はマリオさんに「どうぞ、わからないことをいろいろ聞いてください」と言いました。
マリオさん役になって、さんぽ商事や仕事についていろいろ質問しましょう。

例）外国人の正社員の方はいらっしゃいますか。

かいわ

（1）🔊-41

マリオ：皆様、きょうはわたしのために送別会を開いてくださって、ほんとうに
ありがとうございました。わたしは3年前に日本へ参りました。「いっぽ
自動車」に入社したとき、日本語がほとんど話せませんでした。でも、
社長は「マリオ君、大丈夫。伝えたい気持ちがあれば、日本語は上手
になる。」とはげましてくださいました。部長と課長には、仕事のこと、
そして日本の生活や文化のこともいろいろ教えていただきました。これか

183

ら別の会社で新しい仕事を始めますが、いっぽ自動車の経験はわたしの宝物です。皆様のご親切は一生忘れません。心からお礼を申し上げます。

（2）🔊-42

事務の人：はい、四葉小学校です。

スーダ　：1年2組のモハンマルですが、井上先生はいらっしゃいますか。

事務の人：今、職員会議中なんですが……。

スーダ　：では、井上先生に伝えていただきたいんですが……。

事務の人：伝言ですね。もう一度、お子さんの組と名前をお願いします。

スーダ　：1年2組のアルです。きょう2時にアルを耳鼻科に連れて行かなければなりませんので、1時半に早退させたいとお伝えください。

事務の人：はい、アル君のお母さんですね。わかりました。

スーダ　：どうぞよろしくお願いいたします。失礼します。

どうし

ます形	高めます　II	低めます　II	召し上がります　I	なさいます　I
辞書形	高める	低める	召し上がる	なさる

ます形	ごらんになります　I	おっしゃいます　I	参ります　I	おります　I
辞書形	ごらんになる	おっしゃる	参る	おる

ます形	いたします　I	申します　I	お目にかかります　I	預かります　I
辞書形	いたす	申す	お目にかかる	預かる

ます形	はげまします　I
辞書形	はげます

✏️ マイノート

60

課長は　いらっしゃいますか

文字学習

★漢字 1（書使歩作立文）

1. 絵を見て、動詞を考えましょう。

2. 書きましょう。

書	か（く） ショ	書きます　書類 図書館　辞書　書道	書		
使	つか（う） シ	使います 使用　大使館	使		
歩	ある（く） あゆ（む） ホ／-ポ　ブ　フ	歩きます 歩道　散歩	歩		
作	つく（る） サク／サッ－　サ	作ります 作曲	作		
立	た（つ・てる） リツ　リュウ	立ちます　立てます 区立　市立　私立 国立大学	立		
文	ブン モン	作文　文章 文化	文		

188

３．漢字の読み方を確認しましょう。

① 日本語で手紙を書きたいです。

② 息子は１歳２か月のとき、初めて歩きました。

③ このコンサートは座って聞いてください。立たないでください。

④ 子どもは区立の小学校に通っています。

⑤ この歌は自分で作りました。作曲は楽しいです。

⑥ このトイレは使用中です。

⑦ 自転車が歩道を走ると、危ないです。

⑧ わたしの町の図書館では本を 15 冊まで借りることができます。

４．四角の漢字を使って、「て形・た形」を作りましょう。読み方も書いてください。

書　使　歩　作　立

例）使（つか）＿＿＿って／った

① ＿＿＿＿＿（　　）って／った　　　③ ＿＿＿＿＿＿（　　）いて／いた

② ＿＿＿＿＿（　　）って／った　　　④ ＿＿＿＿＿＿（　　）いて／いた

５．四角の中のことばを選んで、（　）に入れましょう。読みましょう。

例）わからないことばを調べるとき、（a　じしょ）を使います。

① 国語の宿題は（　　　　　　）です。

② 日曜日はいつも犬を連れて、（　　　　　　）します。

③ 会社の古い（　　　　　　）を整理しなければなりません。

④ 日本の歴史や（　　　　　　）を勉強したいです。

a．辞書　　b．散歩　　c．書類　　d．文化　　e．作文

★漢字2（店買売肉魚）

1．スーパーやデパートの売り場の案内がわかりますか。

サミット㈱提供

2．書きましょう。

店	みせ テン	店の人　商店街 店員	店		
買	か（う） バイ	買います 買い物	買		
売	う（れる・る） バイ	売れます　売ります 売り場　売店　特売	売		
肉	ニク	牛肉　豚肉　鶏肉 肉屋　焼き肉	肉		
魚	さかな/-ざかな うお ギョ	魚屋　焼き魚 金魚	魚		

190

3. 漢字の読み方を確認しましょう。

① うちの近くでもおいしいケーキが買えるようになりました。

② きょうは特売で、肉は全部30%引きです。

③ いつもどこで買い物しますか。

　　——たいていフジスーパーですね。店員さんが親切ですから……。

④ この店は八百屋ですが、冬は焼きいもも売っています。

⑤ あの魚屋さんは　刺身も作ってくれます。

⑥ この店の焼き魚定食は安くて、おいしいです。

⑦ このマンションで犬や猫は飼えませんが、小鳥や金魚は大丈夫です。

4. 四角の中のことばを選んで、（　）に入れましょう。読みましょう。

例）あの（a　にくや）さんは焼き鳥も売っています。

① すみません、野菜（　　　　　　　）はどこですか。

② うちの近くの（　　　　　　　）で夏祭りがあります。

③ 駅の（　　　　　　）は小さいですが、いろいろなものがあります。

```
a. 肉屋　　b. 売店　　c. 売り場　　d. 商店街
```

5. 買い物のメモを読みましょう。

```
にんじん　じゃがいも　たまねぎ　ピーマン
ぶたロース　300g　　とりのもも肉　2枚
牛ひき肉　200g　　焼き肉のたれ
カレーのルー　　ヨーグルト　　ティッシュ
```

★漢字３（高低安新古）

1.「最」は「いちばん～」という意味です。「最～」を探して意味を考えましょう。

7月26日
最高 36℃　最低 26℃

最古の寺

業界最安値
月額利用料　1,980円

2. 書きましょう。

高	たか（い・める） コウ	高いビル 値段が高い 高校　高温　最高	高		
低	ひく（い・める） テイ	背が低い 低温　最低	低		
安	やす（い） アン	安い　最安値 安全（な）	安		
新	あたら（しい） あら（た）にい シン	新しい　新聞 新鮮（な）　最新 新年	新		
古	ふる（い） コ	古い　古新聞 古紙　中古 最古	古		

3. 漢字の読み方を確認しましょう。

① よくこのスーパーで買い物します。野菜が安いし、肉や魚も新鮮だし、店員も親切ですから。

② きょうは気温が高いですから、シャーベットは売り切れました。

③ 7月25日東京の最高気温は36℃、最低気温は26℃でした。

④ 水曜日はリサイクルごみの日です。古紙や古新聞を出します。

⑤ 小さい子どもには安全なおもちゃを選びましょう。

⑥ 高校生のころ、父より背が低かったです。

⑦ 新しい炊飯器が欲しいです。ネットで最安値を調べます。

⑧ 新年明けましておめでとうございます。

4.「車」の前に、ことばをつけましょう。いろいろな漢字にひらがなをつけて、四角の中に入れてください。

例）新しい車　　中古の車

中古

新

最新

安

高

安全

古

[四角] 車

★漢字４（思帰教習送）

1. 漢字をイメージしましょう。「思」「教」「習」の漢字のイメージはどれですか。

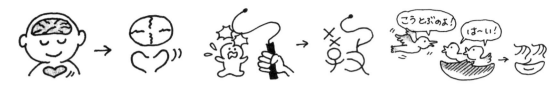

2. 書きましょう。

思	おも（う） シ	思います 思い出します 思い出	思		
帰	かえ（る） キ	帰ります 帰国	帰		
教	おし（える） おそ（わる） キョウ	教えます 教室　教師 教科書	教		
習	なら（う） シュウ	習います 練習　復習 習慣	習		
送	おく（る） ソウ	送ります 放送　送信	送		

3. 漢字の読み方を確認しましょう。
① 母にみそ汁の作り方を習いました。
② 父は数学の教師で、中学校で教えています。
③ 新しい仕事は、きっとうまくいくと思います。
④ うちの子どもは毎週土曜日サッカーを練習しています。
⑤ 花火を見ると、小学校のときの夏休みを思い出します。
⑥ 日本語教室の友だちにメールを送信しました。
⑦ 家に帰ったら、もう一度教科書を読んで、復習してください。

⑧ 来週帰国します。山田さんに車で空港まで送ってもらいます。

⑨ 日本の文化や習慣を知りたいです。

4.（　　　）の中から正しい漢字を選んで、読みましょう。

例）スーパーでパンを（買・立・書）いました。

① 駅へ行く道を（習・使・教）えてください。

② 郵便局から荷物を（送・帰・売）ります。

③ 料理の先生に中国料理を（思・習・作）っています。

④ 旅館のサービスについてどう（教・思・歩）いますか。

5．四角の中のことばを選んで、（　　）に入れましょう。読みましょう。

　子どものとき、近所のピアノ（例）ｃ　きょうしつ）に通っていました。（①　　　　）
は嫌いでしたが、音楽は大好きでした。先生は優しくて、いろいろな曲をひい
てくれました。子どものころのいい（②　　　　）です。今は忙しくて、あまりひ
きませんが、ラジオのＦＭ（③　　　）のクラシック番組をよく聞いています。

a. 練習　　b. 放送　　c. 教室　　d. 思い出

★漢字5（天気雨風空）

1. 東京、大阪、札幌の天気は、どうですか。

天気	6時～	9時～	12時～	15時～	18時～	21時～	最高気温
							最低気温
東京	☂	☂	☂	☁	☀	☁	25℃
							15℃
大阪	☁	☀	☀	☀	☁	☁	28℃
							19℃
札幌	☁	☀	☁	☁	☂	☂	17℃
							13℃

2. 書きましょう。

天	あめ　あま テン	天気 天気予報	天		
気	キ　ケ	電気　病気 気持ち　気分 気温　吐き気	気		
雨	あめ　あま ウ	大雨 ＊梅雨	雨		
風	かぜ　かざ フウ　フ	北風　南風 台風　＊風邪	風		
空	そら　あ（く） から クウ	空席が空きます 空手 空気　空港　空席	空		

196

3. 漢字の読み方を確認しましょう。

① きのうからずっと大雨で、強い風も吹いています。
② 台風が沖縄を通って、九州に来ています。
③ テレビの天気予報で「関東地方は梅雨に入りました」と言っていました。
④ 気温が上がって、蒸し暑くなりました。
⑤ 台風が行ったあとで、いい天気になりました。
⑥ 青い空がきれいで、気持ちがいいです。
⑦ この道は暗いですから、気をつけてください。
⑧ すみません。この席は空いていますか。——ええ、どうぞ。
⑨ 長い時間車に乗っていて、気分が悪くなりました。
——新鮮な空気を吸うと、よくなりますよ。
⑩ 12月30日、羽田空港は空席待ちの人がおおぜい並んでいました。

4.「気」には、いろいろなイメージがあります。四角の中のことばは、それぞれどのイメージのグループに入りますか。2つのグループに入るものもあります。

気持ち　病気　　空気　　気温
吐き気　　元気　　気分　　天気

★漢字６（自動開閉止）

1. ＡとＢのどちらの絵ですか。

① 新しい店ができました。
②この店はもうすぐなくなります。

A

B

2. 書きましょう。

自	みずか（ら） ジ　シ	自転車　自動車 自分　自由 自然	自		
動	うご（く・かす） ドウ	動きます　動かします 自動ドア　動物　運動	動		
開	あ（く・ける） ひら（く） カイ	開きます 開けます 開店　開始	開		
閉	し（まる・める） と（じる） ヘイ	閉まります 閉めます 閉店	閉		
止	と（まる・める） シ	止まります 止めます 禁止　中止	止		

3. 漢字の読み方を確認しましょう。
① 暑いですね。窓を開けましょうか。
② 台風で運動会が中止になりました。
③ デパートの開店時間は何時ですか。——ふつうは10時です。
④ デパートの閉店時間の少しまえにお弁当やおすしを買うといいですよ。安くなりますから。
⑤ 水道の水が止まらないんですが、どうしたらいいですか。
　——外のせんを閉めてから、水道屋さんに連絡してください。
⑥ この動物園のライオンはいつも寝ています。全然動きませんからつまらないです。
　——ライオンはきっと自然の中で生活したいですよね。
⑦ 電気自動車に乗ったことがありますか。
　——いいえ、ありません。でも、わたしの自転車は電動です。
⑧ 日本ではピアスやお化粧を禁止している学校が多いです。
　——へえ、そうですか。わたしの国では自由ですよ。
⑨ 電車を降りたいんですが、ドアが開きません。
　——このドアは自動じゃありませんから、自分で開けてください。

4. 絵を見て、文を作りましょう。読みましょう。

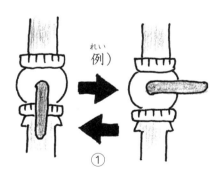

例)（ 閉める ）とき、レバーを横にします。
① （　　　　）とき、レバーを縦にします。
② ここを押すと、ドアが（　　　　）。

★漢字７（駅電急道乗）

1. 絵を見て話しましょう。ここはどこですか。何がありますか。

2. 書きましょう。

駅	エキ	えき　えきまえ　えきいん 駅　駅前　駅員 かくえきていしゃ 各駅停車	駅		
電	デン	でんわ　でんしゃ 電話　電車 でんげん　でんち 電源　電池	電		
急	いそ（ぐ） キュウ	いそ　　きゅう 急ぎます　急に きゅうこう　とっきゅう 急行　特急	急		
道	みち ドウ　トウ	みち　かえ　みち 道　帰り道 どうろ　どうぐ 道路　道具 ほっかいどう 北海道	道		
乗	の（る） ジョウ	の 乗ります じょうしゃ　じょうしゃけん 乗車　乗車券	乗		

3. 漢字の読み方を確認しましょう。

① 会社からの帰り道、急に雨が降り出しました。

② わたしは急いで駅まで走りました。

③ 電車がなかなか来ません。アナウンスで何か言っています。

④ 駅員さんは大雨で電車が止まっていると言いました。

⑤ わたしはうちに電話しようと思いました。でも携帯の電池が切れていました。

⑥ 駅前のコンビニでかさを買って、歩いて帰りました。

⑦ この駅は急行がとまりますか。——いいえ、各駅しかとまりません。

⑧ かけ込み乗車はおやめください。

⑨ 込んでいるとき、優先席の近くでは携帯電話の電源をお切りください。

⑩ 大工道具を買いたいんですが……。

　　——あそこのホームセンターにありますよ。

⑪ 夏休みレンタカーで北海道を旅行するつもりです。

　　——それはいいですね。道路が広くて気持ちがいいと思います。

4. 前のページの絵を見て、「乗る」を使った文を3つ以上作りましょう。

例）駅前でバスに乗ります。

_____

_____

_____

201

★漢字8（遠近仕事会社）

1. 絵を見て、話を考えましょう。

2. 書きましょう。

遠	とお（い） エン　オン	とお 遠い えんそく 遠足	遠		
近	ちか（い） キン	ちか　えき　ちか 近い　駅の近く きんじょ　さいきん 近所　最近	近		
仕	つか（える） シ　ジ	しごと 仕事	仕		
事	こと／ーごと ジ　ズ	こと　なら　ごと　じこ 事　習い事　事故 かじ　ようじ　しょくじ 火事　用事　食事	事		
会	あ（う） カイ　エ	あ 会います かいしゃ　かいぎ 会社　会議 かいわ 会話	会		
社	やしろ シャ／ージャ	しゃかい　ほんしゃ 社会　本社 じんじゃ 神社	社		

3. 漢字の読み方を確認しましょう。

① わたしの会社はうちから遠いです。

② わたしのアパートは駅に近くて、便利です。

③ 日曜日は 夫 が食事を作ります。

④ 新しい仕事はどうですか。

　　——おもしろいですが、とても 忙 しいです。

⑤ 最近、近所で火事がありました。

⑥ 小学校の遠足で高尾山にのぼりました。

⑦ あしたは朝9時から会議がありますから、遅刻しないでください。

⑧ 用事があるので、あしたの日本語教室は欠席します。

⑨ 神社の近くで交通事故がありました。

⑩ 本社は大阪ですが、東京と名古屋に店があります。

4. （　　　）に「会社」か「社会」を入れましょう。

例) 朝9時に（会社）が始まります。

　　　小学校では（社会）の授業があります。

① この（　　　　　　）の会議では、英語で話し合います。

② 国際（　　　　　　）では、英語のコミュニケーション力が必要です。

③ 息子は大学を卒業して、この4月から（　　　　　　）人です。

④ 兄は父の（　　　　　　）で働いています。

⑤ 少子化と高齢化は大きい（　　　　　　）問題です。

203

★漢字９（体重長多少）

1. 健診に行きました。今、何を測っていますか。

2. 書きましょう。

体	からだ タイ　テイ	体　体操 体育	体		
重	おも（い） かさ（ねる）　え ジュウ　チョウ	重い　体重	重		
長	なが（い） チョウ	長い　身長　社長 校長　長男	長		
多	おお（い） タ	多い　多数	多		
少	すく（ない） すこ（し） ショウ	少ない　少し 少女　少年　少数	少		

3. 漢字の読み方を確認しましょう。
① 健診ではまず身長と体重を測ります。
② あなたの国で体にいい食べ物は何ですか。
③ 長男は高校2年生で、次男は中学3年生です。
④ 胃が痛いときは軟らかいものを少しずつ食べてください。
⑤ 長い時間パソコンで仕事をすると、目や肩が痛くなります。
⑥ パソコンを使う場合はときどきストレッチ体操をしましょう。
⑦ 大きい地震で、多数の人が亡くなってしまいました。
⑧ 最近少年や少女の犯罪が多くなりました。ほんとうに心配です。

4. 反対のことばはどれですか。

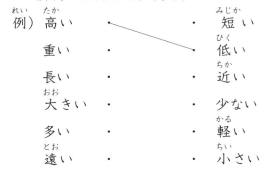

例）高い ・ ・ 短い
　　重い ・ ・ 低い
　　長い ・ ・ 近い
　　大きい ・ ・ 少ない
　　多い ・ ・ 軽い
　　遠い ・ ・ 小さい

5. （　）の中に「重い」「多い」「長い」を入れましょう。
例）（重い）荷物　スカートが（長い）　人が（多い）
① 今年は年末から正月まで休みが（　　　　）。
② このスーパーは果物の種類が（　　　　）。
③ リーダーは責任が（　　　　）。
④ ストレスが（　　　　）仕事はやりたくない。
⑤ 父は（　　　　）病気で、ずっと入院している。

★漢字 10 (地心意味頭)

1. 「注意」という字を探しましょう。

頭上注意
JIS Z 8210:2017

足もとに注意
WATCH YOUR STEP
JIS Z 8210:2017

2. 書きましょう。

地	チジ	土地 地図 地方 観光地 地下 地震	地		
心	こころ シン	心 安心 心配 心臓	心		
意	イ	意見 注意 用意	意		
味	あじ ミ	味見 塩味 意味	味		
頭	あたま かしら ズ トウ ト	頭 頭痛 頭上注意	頭		

3. 漢字の読み方を確認しましょう。

① 「駐輪禁止」はどんな意味ですか。
② 部屋に入るとき、頭をぶつけないように、注意してください。
③ 日本一土地の値段が高いところはどこですか。——東京の銀座ですよ。
④ どんな人と結婚したいですか。——お金持ちより心の優しい男性がいいです。
⑤ 地図で中国地方を探してください。何県がありますか。

⑥ あした心臓の手術をします。心配でどきどきしています。
　　――安心してください。大丈夫ですよ。
⑦ 夫が作ってくれたスープの味見をした。いい味だった。
⑧ 原子力発電（原発）についてご意見はありますか。
　　――日本は地震が多いので、なるべく中止したほうがいいと思います。
⑨ 5時半ですから、そろそろ晩ご飯の用意をしましょう。

4．どの「頭」を使った表現と絵がペアですか。

例）頭がいい　　　　a 頭が痛い　　　　b 頭に来る　　　　c 頭が固い

5．4のことばを（　）の中に入れましょう。必要な場合は形を変えてください。
　Aさんは（例　頭がよく）て、仕事もよくできるが、いつも遅刻してくる。朝、ミーティングができなくて、みんな困っている。人に迷惑をかけても、謝らないので、みんな（①　　　　）ている。
　Bさんは（②　　　　）て、自分の考えを絶対に変えない。ほかの人の意見を聞かないので、みんな困っている。職場のチームワークがうまくいかなくて、わたしは（③　　　　）。

★漢字 11 (場所物持知)

1. ここはどこですか。看板(かんばん)の漢字(かんじ)の意味(いみ)がわかりますか。

2. 書(か)きましょう。

場	ば ジョウ	売(う)り場(ば) 場所(ばしょ) 工場(こうじょう) 駐車場(ちゅうしゃじょう)	場		
所	ところ/-どころ ショ/-ジョ	いい所(ところ) 台所(だいどころ) 住所(じゅうしょ) 市役所(しやくしょ) 事務所(じむしょ) 近所(きんじょ) 長所(ちょうしょ)	所		
物	もの ブツ モツ	買(か)い物(もの) 忘(わす)れ物(もの) 動物(どうぶつ) 荷物(にもつ)	物		
持	も(つ) ジ	持(も)ちます 持(も)ち物(もの)	持		
知	し(る) チ	知(し)っています 知(し)らせます 知(し)り合(あ)います お知(し)らせ 知識(ちしき) 通知(つうち)	知		

208

3. 漢字の読み方を確認しましょう。

① 荷物が重くて、1人で持てません。

② スーパーから駐車場までとても遠いので、カートで運びました。

③ 妻と大学で知り合いました。彼女とわたしは同じゼミでした。

④ これは学校からのお知らせです。遠足の集合場所や持ち物をよく見てください。

⑤ 動物園の仕事には動物の生活や食べ物、病気などの知識が必要です。

⑥ 日本語能力試験の合格通知が届きました。うれしかったです。

⑦ 自分の長所は何だと思いますか。

　　——仕事や勉強が大変でも、あきらめないでがんばります。

4. グループに入らないことばを1つ選びましょう。

例）（買い物　掃除　洗濯　⟨学校⟩）

① （図書館　食堂　事務所　荷物）

② （忘れ物　動物　飲み物　持ち物）

5. （　）に、「所（ショ／ジョ）」か「場（ジョウ）」を入れてことばを作りましょう。また作ったことばを読みましょう。

例）事務（所）　駐車（場）

①運動（　　）　②研究（　　　）　③サッカー（　　　）　④工（　　　）
⑤区役（　　）　⑥パーティー会（　　　）　⑦洗面（　　　）

★漢字 12 (色白黒赤青合)

1. あなたの国の国旗はどんな色ですか。どんな意味がありますか。
   例) 日本の国旗は白と赤です。日の出を表しています。

2. 書きましょう。

漢字	読み	例	練習
色	いろ ショク　シキ	七色のにじ 色えんぴつ 3色	色
白	しろ　しろ(い) しら ハク　ビャク	白ワイン　白い家 白紙	白
黒	くろ くろ(い) コク	白黒コピー 黒い服	黒
赤	あか あか(い) セキ　シャク	赤えんぴつ 赤いバラ お赤飯	赤
青	あお あお(い) セイ　ショウ	青信号 青い海　青年	青
合	あ(う)　あい ゴウ　ガッ　カッ	合います　似合います 場合　合計 都合がいい	合

210

3. 漢字の読み方を確認しましょう。

① あの青いワンピースはリーさんによく似合っていますね。
② きょうは、祖母の誕生日なので、お赤飯を炊きました。
③ プリントの中に、白紙が一枚入っていました。
④ 小学校に入学したとき、姉に12色の色えんぴつをもらいました。
⑤ あの青年は将来に夢を持ってがんばっています。
⑥ 青の水玉のシャツと黒のジャケットで合計九千八百円です。
⑦ 会合はいつにしますか。——あなたのご都合のいい日にしましょう。
⑧ 日本の国旗を日本人は「日の丸」と呼んでいます。赤い丸は日の出の意味です。
そして白と赤はおめでたい色です。

4. 絵を見て、いろいろな色のことばを使った文を作りましょう。
例）空は青いです。

5. 正しい漢字を選びましょう。
例）その服、よく似（合・会）いますね。
① 10年ぶりに学生時代の友だちと（合・会）いました。
② その服にこの靴は（合・会）わないよ。
③ 妻とは、この町で出（合・会）いました。
④ 駅の改札口で、待ち（合・会）わせをした。

★漢字13（明暗朝昼夜）

1. 「朝・昼・夜」の漢字をイメージしましょう。
   どこに「お日さま」や「お月さま」がありますか。

2. 書きましょう。

明	あか（るい） あ（く・ける） あき（らか） メイ　ミョウ	明るい道 明暗 *明日（明日）	明		
暗	くら（い） アン	暗い夜道 暗記します	暗		
朝	あさ チョウ	朝ご飯　朝食 *今朝	朝		
昼	ひる チュウ	お昼休み　昼食	昼		
夜	よる　よ ヤ	夜　夜中　夜食 今夜	夜		

3. 漢字の読み方を確認しましょう。

① 「夕食」と「晩ご飯」は同じです。最近は遅い時間に食べますから「夜ご飯」と言う人もいます。
② 夜食は遅い時間に食べる軽い食事です。
③ 暗い夜道の一人歩きは危険です。できるだけ明るい道を選んでください。
④ テストの前の日、夜中まで、歴史を暗記しました。

⑤　今朝は近所の店で朝食を食べました。

⑥　明日午前中に会議を行います。そのあと昼食会の予定です。

⑦　今夜会社の人にメールを送ろうと思っていました。

⑧　昼休みに公園で運動するようにしています。

4．四角の中から、正しいことばを選んで、（　　）に入れましょう。2回入ることばもあります。

あしたの朝（例）　a　）、何食べたい？

あしたは、早く会社に行かなくちゃいけないんだ。
会社の近くの喫茶店の（①　　　　　）セットでいいよ。

ようこそ　ふじホテルへ！

（②　　　　　　）は朝6時から9時まで
バイキングスタイルです。

社員研修スケジュール
9:00～12:00　会議室A
　　　・・・・
12:00～13:00（③　　　　　　）
　　　　　　　　　　休憩
社員食堂、ラウンジが使えます。
13:00～17:00　会議室B
　　　・・・・

おとくな（④　　　　　）メニュー
11:30～14:00まで
パスタAセット　パスタ　Bセット
ピザ　　　　　リゾット
どれもサラダと飲み物付きで
¥700

昼（⑤　　　　　）、どの店に行こうか。

ごめん。きょうはお弁当、持ってきた。

a．ご飯　　b．朝食　　c．昼食　　d．ランチ　　e．モーニング

213

★漢字 14 (春夏秋冬楽)

1. 一番好きな季節は、いつですか。その季節で楽しいことは何ですか。

2. 書きましょう。

春	はる シュン	春休み　春風 春分の日	春		
夏	なつ カ　ゲ	夏休み　夏日 初夏	夏		
秋	あき シュウ	秋晴れ 秋分の日	秋		
冬	ふゆ トウ	冬休み 冬季オリンピック 春夏秋冬	冬		
楽	たの（しい） ラク ガク／ガッー	楽しい　楽(な) 音楽　楽器	楽		

214

3. 漢字の読み方を確認しましょう。

① 娘の学校は3月20日の終業式が終わると、4月6日の始業式まで春休みです。

② テレビで「夏日」と言っていました。どういう意味ですか。
　　——気温が25度以上の日という意味ですよ。30度以上は真夏日です。

③ 10月10日の運動会はすばらしい秋晴れだった。

④ 日本では札幌と長野で冬季オリンピックがありました。

⑤ わたしの国は1年中同じ気温ですから、体がとても楽です。冬のコートもいりません。

⑥ 日本は春夏秋冬、いろいろな行事があるので、楽しいです。

⑦ 初夏は7月ごろですか。——いいえ、5月から6月ごろです。

⑧ あなたの国に昔からの民族音楽がありますか。どんな楽器を使いますか。

⑨ 秋分の日、何か予定がありますか。——父のお墓参りに行こうと思っています。

4. 同じグループのことばです。何のグループですか。

例）春　夏　秋　冬　　（季節）

① クラシック　ジャズ　ロック　ヘビーメタル　（　　　　　　）

② ピアノ　バイオリン　フルート　トランペット　ギター（　　　　　　）

5. それぞれの季節をイメージすることばを四角の中から選びましょう。ほかにも考えましょう。

春（例）花見　　　　　　　　　　　　　　　　　　　　）

夏（　　　　　　　　　　　　　　　　　　　　　　　）

秋（　　　　　　　　　　　　　　　　　　　　　　　）

冬（　　　　　　　　　　　　　　　　　　　　　　　）

| お祭り　花見　かき氷　スキー　入学式　お盆　お歳暮 |
| お中元　ゴールデンウィーク　シルバーウィーク　正月　花火 |

215

★漢字15（便元好有花）

1. 絵を見て、形容詞を考えましょう。

2. 書きましょう。

便	たよ（り） ベン　ビン	お便り 便利（な）　不便（な） 郵便　宅配便	便		
元	もと ゲン　ガン	足元 元気（な）　元日	元		
好	す（き） この（む） コウ	大好き（な） お好み焼き　好物	好		
有	あ（る） ユウ　ウ	有名（な）　有料	有		
花	はな／-ばな カ	花火　生け花 花粉症　花びん	花		

3. 漢字の読み方を確認しましょう。

① 郵便局に切手を買いに行きました。

② きれいな花ですね。何という名前ですか。

　　——あじさいですよ。

③ インターネットは便利です。世界中のニュースがすぐ分かります。

④ 今年の夏は花火を見に秋田県まで行きました。とても楽しかったですが、少し遠かったです。

216

⑤ 元日はお雑煮を食べてから、初詣に出かけます。
⑥ 息子はお好み焼きが大好きです。
⑦ 駅前の駐輪場は有料です。
⑧ 幼稚園の今月のお便りに遠足の持ち物が書いてあります。
⑨ 祖母は生け花とお茶の先生でした。
⑩ 宅配便が届いたら、伝票にはんこを押してください。サインでもいいです。

4. （　）の中から正しいものを選びましょう。何もつけないときは×を選んでください。

例） 元気（ な ・の・×）お子さんですね。
　　 お子さんは元気（な・の・ ×）ですね。
① 好き（な・の・×）人とデートできて、うれしかったです。
② 草津は有名（な・の・×）温泉地です。
③ この辞書は古くて、あまり便利（な・の・×）じゃないです。
④ 元気（な・の・×）がありませんね。どうしたんですか。
⑤ お金がないので、有料（な・の・×）遊び場にはあまり行きません。
⑥ 帰国すると、母はわたしの好物（な・の・×）バナナケーキを用意して、待っている。

5. 「花」を使ったことばで、文を作りましょう。

例） 庭の花を切って、花びんに入れました。

★漢字 16 (工音声理品)

1. 絵を見て、「理」「音」の漢字をイメージしましょう。

田にきちんと線を引きました。きれいな石もきちんと並べます。

ドレミファ ソラシド♫

2. 書きましょう。

工	コウ ク	こうじ 工事 じんこう だいく 人工　大工	工		
音	おと　ね オン　イン	おと 音がします ごじゅうおん 五十音	音		
声	こえ／-ごえ こわ セイ　ショウ	こ　　こえ 子どもの声 わら ごえ　な ごえ 笑い声　泣き声	声		
理	リ	りょうり　しゅうり 料理　修理 りゆう　りか 理由　理科	理		
品	しな ヒン	しなもの　しょくひん 品物　食品 さくひん　せいひん　ぶひん 作品　製品　部品	品		

3. 漢字の読み方を確認しましょう。

① 休日なのに道路工事の音がうるさいです。

② このスーパーは品物がいいし、安いので、よく来ます。

③ 電気製品が故障したときは修理を頼みます。部品があれば修理できます。

④ 理科が大好きです。「なぜ暖かい空気は上に行くのか」「なぜおふろの温度は下の方が低いか」など、理由を考えます。

⑤ 大工さんは家を建てるまえにその土地の神様にお酒をあげます。

⑥ 今夜音楽会があります。プログラムはバッハの作品が多いです。

⑦ デパートの地下の食品売り場にはおいしそうな料理が並んでいます。

⑧ 東京のお台場は人工の島です。

⑨ みどりちゃんは先生の質問に大きい声ではきはきと答えます。

⑩ アパートのとなりの部屋から、赤ちゃんの泣き声が聞こえます。

4. （　）にことばを入れましょう。漢字で書けるものは書きましょう。

例）カレーの（　におい　）がします。

① 外で子どもの（　　　　　）がします。

② 遠くの方から、たいこの（　　　　　）がします。

③ このアイスクリームはレモンの（　　　　　）がします。

★漢字 17（校友数英強）

1. 何をしていますか。

2. 書きましょう。

校	コウ	小学校　中学校 高校 校長先生	校		
友	とも ユウ	友だち 友人　親友	友		
数	かず かぞ（える） スウ／-ズウ　ス	数　数えます 数字　算数　人数	数		
英	エイ	英語　英会話 英国	英		
強	つよ（い） し（いる） キョウ　ゴウ	気が強い 勉強	強		

3. 漢字の読み方を確認しましょう。

① きのう近くの小学校で運動会がありました。
② 駅で中学校の校長先生に会いました。
③ 土曜日クラスの友だちとハイキングに行く予定です。
④ 彼女は子どものころからの親友です。
⑤ 木曜日の1時間目は算数です。
⑥ 英語の勉強をするのは楽しいです。
⑦ 夜寝られないとき、羊の数を数えます。
⑧ 息子は気が強くて、けんかは絶対負けません。
⑨ 数字が違っていますから、もう一度計算してください。
⑩ 英国大使館でパーティーがあります。出席者の人数を知らせてください。

4. 四角の中からことばを選んで（　）に入れましょう。同じことばを何回使ってもいいです。

例）彼とは、仕事（　仲間　）です。
① 彼女はわたしの一番の（　　　）で、何でも話します。
② 1年まえからつきあっている（　　　）がいます。彼女はデザイナーです。
③ 彼女はだれにでも人気があって、男（　　　）も多いです。
④ 学生時代の（　　　）と、今もよく会います。

友人　　親友　　仲間　　友だち　　恋人

5. 正しい説明を選びましょう。

例）小学校　・　a 小学校を卒業したら、3年間行く学校です。義務教育です。

中学校　・　b 高等学校とも言います。ふつうは15歳から18歳までです。

専門学校・　c 6歳から12歳までの子どもが行きます。義務教育です。

高校　　・　d 料理、デザイン、介護など、1つのことを勉強する学校です。

221

★漢字 18（働運通洗歌）

1. レストランの仕事をいろいろ考えましょう。

2. 書きましょう。

働	はたら（く） ドウ	働きます	働		
運	はこ（ぶ） ウン	運びます　運動 運転　運休	運		
通	とお（る） かよ（う） ツウ　ツ	人が通ります 学校に通います 交通　通学　通勤　通訳	通		
洗	あら（う） セン	洗います　洗濯 洗剤	洗		
歌	うた うた（う） カ	歌を歌います 歌手	歌		

3. 漢字の読み方を確認しましょう。

① 5月1日のメーデーは働く人のお祭りです。
② あの道はダンプカーがたくさん通るので、車を運転するのは少し怖いです。
③ 重い荷物をアパートの3階まで運ばなければなりません。
④ 中学校のとき友だちといっしょに英会話教室に通いました。

⑤ 洗濯物をたたんでしまうのはわたしの仕事でした。

⑥ 学校までの交通が不便なので、通学は自転車を使っていました。

⑦ あのミュージカル歌手は子どものときから歌が上手でした。

⑧ 最近運動不足で体重が増えすぎてしまいました。

⑨ わたしの夢は通訳になることです。

4. 表を完成させましょう。

働く	運ぶ	通る	通う	歌う
例）はたらかない				
	はこびます			
		とおって		
			かよえば	
				うたおう

5. 四角の中から正しいことばを選んで（　）に入れましょう。読みましょう。

例）国では車を（a　うんてん）していましたが、日本ではしません。

① 大雨のため急行電車は午前中は（　　　　　）しています。

② 日本語教室のイベントでボランティアさんの話を（　　　　　）しました。

③ いつもバスで（　　　　　）しています。

a. 運転　　b. 運休　　c. 通勤　　d. 通訳

223

★漢字 19 (兄弟姉妹夫家)

1. 自分の家族について、話しましょう。

2. 書きましょう。

兄	あに キョウ ケイ	わたしの兄 兄弟(きょうだい) ＊お兄(にい)さん	兄		
弟	おとうと ダイ テイ デ	弟(おとうと)さん 4人兄弟(にんきょうだい)	弟		
姉	あね シ	上の姉(うえ あね) 姉妹(しまい) ＊お姉(ねえ)さん	姉		
妹	いもうと マイ	妹(いもうと)さん 3人姉妹(にんしまい)	妹		
夫	おっと フ フウ	わたしの夫(おっと) 夫人(ふじん) 田中(たなか)さん夫妻(ふさい) 夫婦(ふうふ)	夫		
家	いえ や カ ケ	家の中(いえ なか) 大家(おおや) 家族(かぞく) 小説家(しょうせつか)	家		

3. 漢字の読み方を確認しましょう。

① ご家族はお元気ですか。──はい、おかげさまでみんな元気です。
② ご兄弟は何人ですか。──4人です。兄が2人と妹が1人います。
③ お兄さんは、おいくつですか。──わたしより3歳年上で、今31歳です。
④ 兄はオーストラリアで仕事をしています。
⑤ 夫は最近忙しくて、毎晩遅く帰ってきます。健康が心配です。
⑥ あのレストランは、夫婦2人でやっています。
⑦ わたしたちの結婚式に課長ご夫妻を招待しました。課長夫人は優しそうな人でした。
⑧ 大家さんはとなりの大きい家に住んでいます。
⑨ 漫画家になりたくて、絵の勉強をしています。

4. 絵を見て、会話を作りましょう。読みましょう。

225

★漢字 20 （性員親正様方）

1. 履歴書を書いたことがありますか。下の①～⑧には何を書きますか。

フリガナ	①		生年月日	③ 　年　　月　　日
氏　名	②		性　別	④ 男　　女
年　月		学　歴	年　月	職　歴
	⑤			⑥
扶養家族	⑦ 　　　　　人		配偶者	⑧ 有　　無

2. 書きましょう。

性	セイ ショウ	女性 男性 性別 性格	性		
員	イン	会社員 社員 職員 公務員	員		
親	した（しい） おや シン	親しい 父親 両親 親切	親		
正	ただ（しい） まさ ショウ セイ	正しい 正月 正社員 正確 正式	正		
様	さま ヨウ	お客様 様子	様		
方	かた ホウ	やり方 会社の方 南の方 方法	方		

3. 漢字の読み方を確認しましょう。

① 父は会社員です。母は大学の職員をしています。

② お正月は両親の家に集まって、家族みんなで食事をします。

③ アルの母親です。息子は学校でどんな様子ですか。
　　——アル君は友だちにとても親切です。優しい性格のお子さんですね。

④ 駅を出て、右の方へ行くと、突き当たりにハローワークがあります。

⑤ 履歴書は正確に書いてください。ここに書き方の見本があります。

⑥ わたしは「メイ」と呼ばれていますが、正しい名前は「ラープラタナポーン」
　　です。正式な書類にはこの名前を書きます。

⑦ 友だちのジョーさんは奥さんのご両親といっしょに住んでいます。手紙のあて
　　名はどう書けばいいですか。
　　——住所のあとに○○様方ジョー・ブラウン様と書くんですよ。

```
166-0000　杉並区高円寺南×××

　　山田様方

　　　ジョー・ブラウン様
```

4. 漢字の読み方と意味はどれですか。

①せいしゃいん　　　・　　　・派遣社員・　　・

a 派遣会社からその会社に派遣される社員。給料は派遣会社からもらいます。

②はけんしゃいん　　・　　　・契約社員・　　・

b その会社の社員。会社と働く期間を決めないで働きます。

③けいやくしゃいん・　　　・正社員　・　　・

c 会社と契約で期間などを決めて働く社員。

227

マイノート

活動 Bシート

1-B   46課（P.49）

例）車のドアが開いています。

B

2−B   59課（P.165）

（1）

```
                        Ｂシート
                     びょういん  あんない
                     病 院 の 案 内
   びょういんない        けいたいでんわ      しよう     えんりょ
1．病 院 内 での携帯電話のご使用はご遠 慮 ください。
   うけつけ  かいけい  かい  しんさつしつ    かい   がい  びょうしつ   かい   かい
2．受付、会 計は1階、診察室は2階と3階、 病 室は4階と5階です。
   ちか  ばいてん    かい
3．地下に売店、6階にコーヒーショップがあります。
   くるま              かた  ちゅうしゃけん  うけつけ    だ
4．車 でいらっしゃった方は、 駐 車券を受付にお出しください。
```

   れい   びょういん なか けいたいでんわ つか
  例）Ｂ：病院の中で携帯電話は使えないそうです。

                                 つか
                    （使えないんだって。）

（2）

```
 めんかいじかん     なんじ
 面 会時間は  何時まで？
```

```
          みま
 お見舞いの  クッキー、

 あげても  いいかなあ？
```

文法のまとめ

1 い形容詞・な形容詞

い形容詞	な形容詞
高いビル	元気な人
高いです	元気です
高くないです	元気じゃないです（元気じゃありません）
高くなります ／ 高くします	元気になります ／ きれいにします
高いし	元気だし
高いんです	元気なんです
高くても	元気でも
高いようです 高いみたいです	元気なようです 元気みたいです
高いので ／ 高いのに	元気なので ／ 元気なのに
高そうです　　　　　（目の「そう」）	元気そうです　　　　　（目の「そう」）
高いそうです　　　（耳の「そう」）	元気だそうです　　　（耳の「そう」）

2 動詞の3つのグループ

Ⅰグループ	iます	行きます　ikimasu　聞きます　kikimasu	
Ⅱグループ	eます	食べます　tabemasu　寝ます　nemasu	
	（＊例外） iます	見ます　　mimasu　ふくを着ます　kimasu 起きます　借ります　浴びます　います　落ちます 過ぎます　足ります　生きます　降ります　など	
Ⅲグループ	きます します	来ます 散歩します　勉強します	

③ 動詞（どうし）の活用（かつよう）

Ⅰグループ

（各動詞の語幹：いいます＝い、たちます＝た、とります＝と、のみます＝の、よびます＝よ、しにます＝し）

いいます		たちます		とります		のみます		よびます		しにます	
わ	ない	た	ない	ら	ない	ま	ない	ば	ない	な	ない
わ	れる	た	れる	ら	れる	ま	れる	ば	れる	な	れる※
わ	せる	た	せる	ら	せる	ま	せる	ば	せる	な	せる
い	ます	ち	ます	り	ます	み	ます	び	ます	に	ます
	って		って		って		んで		んで		んで
	った		った		った		んだ		んだ		んだ
う	—	つ	—	る	—	む	—	ぶ	—	ぬ	—
	な		な		な		な		な		な
え	ば	て	ば	れ	ば	め	ば	べ	ば	ね	ば
	る		る		る		る		る		る
お	—	と	—	ろ	—	も	—	ぼ	—	の	—
	う		う		う		う		う		う

買（か）います　会（あ）います　　待（ま）ちます　持（も）ちます　　帰（かえ）ります　切（き）ります　　読（よ）みます　休（やす）みます　　遊（あそ）びます　　※尊敬（そんけい）の形（かたち）はない

Ⅱグループ

たべます　みます		
	ない	ない形（けい）
	ます	ます形（けい）
	て	て形（けい）
	た	た形（けい）
たべ	る	辞書形（じしょけい）
み	るな	禁止形（きんしけい）
	られる	可能（かのう）・受身（うけみ）・尊敬（そんけい）
	させる	使役（しえき）
	れば	条件形（じょうけんけい）
	ろ	命令形（めいれいけい）
	よう	意向形（いこうけい）

（eます）

寝（ね）ます　あげます
かけます　教（おし）えます
開（あ）けます　閉（し）めます
止（と）めます　つけます
覚（おぼ）えます　忘（わす）れます

（iます）

います　着（き）ます
起（お）きます　降（お）ります
借（か）ります　浴（あ）びます

	かきます	*いきます	いそぎます	はなします	
	か ない	か ない	が ない	さ ない	ない形
	か れる	か れる	が れる	さ れる	受身・尊敬
	か せる	か せる	が せる	さ せる	使役
	き ます	き ます	ぎ ます	し ます	ます形
	き いて	き *って	ぎ いで	し て	て形
	き いた	き *った	ぎ いだ	し た	た形
か	く —	い く —	いそ ぐ —	はな す —	辞書形
	く な	く な	ぐ な	す な	禁止形
	け ば	け ば	げ ば	せ ば	条件形
	け る	け る	げ る	せ る	可能
	け —	け —	げ —	せ —	命令形
	こ う	こ う	ご う	そ う	意向形

聞きます
働きます

泳ぎます

貸します
出します

IIIグループ

します	きます	
しない	こない	ない形
します	きます	ます形
して	きて	て形
した	きた	た形
する	くる	辞書形
するな	くるな	禁止形
される	こられる	可能（*します→できる）・受身・尊敬
させる	こさせる	使役
すれば	くれば	条件形
しろ	こい	命令形
しよう	こよう	意向形

4 丁寧形　普通形

動詞

いきます	いく
いきません	いかない
いきました	いった
いきませんでした	いかなかった

＊例外

あります	ある
ありません	ない
ありました	あった
ありませんでした	なかった

い形容詞

おいしいです	おいしい
おいしくないです	おいしくない
おいしかったです	おいしかった
おいしくなかったです	おいしくなかった

な形容詞

べんりです	べんりだ
べんりじゃないです	べんりじゃない
べんりでした	べんりだった
べんりじゃなかったです	べんりじゃなかった

5 活用形と文型

ない形	〜ないでください　〜なければなりません（〜なくてはいけません） 〜なくてもいいです　〜ないで　〜ないほうがいいです 〜ないようにしています　〜ないように
ます形	〜たいです　〜にいきます　〜ませんか　〜ましょう　〜ましょうか 〜ながら　〜なさい　〜そうです（目の「そう」）　お〜になります お〜ください　お〜します
て形	〜てください　〜ています　〜て、〜て、－ます　〜てから 〜てもいいですか　〜てはいけません　〜てくれます・もらいます 〜てくれませんか　〜てみます　〜てしまいました　〜ても　〜ておきます 〜てあります　〜ていただきます・くださいます

234

詞

びょうきです	びょうきだ
びょうきじゃないです	びょうきじゃない
びょうきでした	びょうきだった
びょうきじゃなかったです	びょうきじゃなかった

その他

たべたいです	たべたい
しっています	しっている
つかってはいけません	つかってはいけない
いかなければなりません	いかなければならない
よむことができます	よむことができる
みたことがありません	みたことがない

た形	〜たことがあります　〜たり、〜たりします　〜たら　〜たあとで 〜たほうがいいです
辞書形	〜ことができます　〜まえに　〜と　〜ようになります　〜ようにしています 〜ように　〜ために　〜のは・のが・のを
動詞・形容詞・名詞の普通形	*〜とき　〜とおもいます　〜と言います　〜し、〜し　*〜んです *〜場合（は）　*〜ので　*〜かもしれません　〜という意味です　*〜のに *〜か　*〜かどうか　*〜ようです　*〜みたいです 〜そうです（耳の「そう」）　*〜んだって (*は、な形容詞、名詞の 形 が変則的なものです。例：元気なとき・子どものとき　元気なんです・子どもなんです　元気みたいです・子どもみたいです)

235

6 ペアの他動詞・自動詞 （他動詞の五十音順）

他動詞

辞書形	て形	
あける	あけて	ドアを開けます。 (24課)
あげる	あげて	ゆっくり腕を上げてください。 (43課)
あたためる	あたためて	中火で油を温めます。 (43課)
あつめる	あつめて	みんなのノートを集めます。 (57課)
いれる	いれて	なべに油を入れます。 (27課)
おとす	おとして	財布を落としてしまったんです。 (初級2 ふくしゅう3)
おる	おって	骨を折りました。 (29課)
おろす	おろして	上げた腕を下ろしてください。 (43課)
かける	かけて	家を出るとき、かぎをかけます。 (自動詞・他動詞)
きめる	きめて	待ち合わせの場所を決めます。 (51課)
きる	きって	野菜を薄く切ってください。 (11課)
けす	けして	電気を消してください。 (24課)
こぼす	こぼして	パソコンにコーヒーをこぼしました。 (45課)
こわす	こわして	子どもがたなの戸をこわしてしまいました。 (45課)
*さげる	さげて	エアコンの温度を下げます。
しめる	しめて	ドアを閉めます。 (24課)
たおす	たおして	駐輪場で、となりの自転車を倒してしまいました。(自動詞・他動詞)
だす	だして	8時までにごみを出しておいて。 (30課)
つける	つけて	ガスをつけます。 (24課)
とどける	とどけて	スマホをなくしたときは警察に届けます。 (59課)
とめる	とめて	（タクシー）あのビルの前で止めてください。 (24課)
なくす	なくして	かぎをなくしてしまいました。 (37課)
ならべる	ならべて	靴を脱いだあと、きれいに並べました。 (24課)

＊マークはこの教科書で提出していない動詞　　※「自動詞・他動詞」は P.42

自動詞

辞書形	て形		
あく	あいて	風でドアが開きました。	（36課）
あがる	あがって	気温が上がりました。	（漢字5）
＊あたたまる	あたたまって	おふろに入ると、体が温まります。	
あつまる	あつまって	校庭に集まりなさい。	（50課）
はいる	はいって	かばんにパソコンが入っています。	（27課）
おちる	おちて	洗濯物が落ちています。	（45課）
おれる	おれて	木の枝が折れています。	（自動詞・他動詞）
＊おりる	おりて	エスカレーターで1階に下ります。	
かかる	かかって	ドアのかぎがかかっています。	（自動詞・他動詞）
きまる	きまって	仕事が決まると、いいですね。	（45課）
きれる	きれて	電池が切れています。	（自動詞・他動詞）
きえる	きえて	ガスの火が消えました。	（36課）
こぼれる	こぼれて	牛乳がこぼれています。	（自動詞・他動詞）
こわれる	こわれて	地震で家がこわれました。	（29課）
さがる	さがって	熱が下がらないので、早退します。	（48課）
しまる	しまって	カーテンが閉まっています。	（36課）
たおれる	たおれて	自転車が倒れています。	（自動詞・他動詞）
でる	でて	おふろのお湯が出ません。	（36課）
つく	ついて	スイッチを押すと、ガスがつきます。	（36課）
とどく	とどいて	忘れ物は受付に届いていません。	（45課）
とまる	とまって	水道の水が止まりません。	（30課）
＊なくなる	なくなって	スマホがなくなってしまいました。	
ならぶ	ならんで	一列に並びなさい。	（漢字5）

他動詞

辞書形	て形	
はじめる	はじめて	日本に来てから、日本語の勉強を始めました。　　　（27課）
ひやす	ひやして	ビールを冷やしておきます。　　　（51課）
みつける	みつけて	漢字の間違いを見つけました。　　　（44課）
やぶる	やぶって	子どもが書類を破ってしまいました。　　　（自動詞・他動詞）
やめる	やめて	けんかをやめろ。　　　（30課）
よごす	よごして	新しいカーペットを汚してしまいました。　　　（45課）
わかす	わかして	お湯を沸かします。　　　（43課）
わる	わって	子どもが植木鉢を割ってしまいました。　　　（45課）
する	して	ガスの火を弱くします。　　　（43課）

自動詞

辞書形	て形		
はじまる	はじまって	8時に学校が始まります。	(51課)
ひえる	ひえて	（気温が下がって）冷えてきました。	(49課)
みつかる	みつかって	スマホが見つかったら、連絡します。	(45課)
やぶれる	やぶれて	新聞が破れています。	（自動詞・他動詞）
やむ	やんで	雨がやめばハイキングに行けます。	(55課)
よごれる	よごれて	服が汚れています。	（自動詞・他動詞）
わく	わいて	お湯が沸いています。	(27課)
われる	われて	たまごが割れています。	（自動詞・他動詞）
なる	なって	漢字が読めるようになりました。	(36課)

239

「にほんごの会」について

正式名称「にほんごの会企業組合」。1984年日本語教育に関心をもつ女性たちの集まりとして発足。以来、企業や個人、地域の日本語教室などで日本語を教えること、日本語講座や日本語学習支援ボランティア講座を通して日本語の教え方を学ぶこと、また辞書や教材を作ることなどさまざまな活動を行っている。主な出版物は『新訂　日本語を学ぶ人の辞典』（新潮社）、『改訂版　日本でくらす人の日本語Ⅰ』『日本でくらす人の日本語Ⅱ』（にほんごの会発行、凡人社発売）、『新装版　いっぽ　にほんご　さんぽ　暮らしのにほんご教室初級1・2』『上下ルビで学ぶ　介護の漢字ことば』（スリーエーネットワーク）など。

著者
宿谷和子
　　にほんごの会会員。元星美学園短期大学非常勤講師。「杉並でくらす外国人のためのにほんご
　　教室」担当講師。著書に『新装版　いっぽ　にほんご　さんぽ　暮らしのにほんご教室　初級
　　１・２』。執筆に『上下ルビで学ぶ　介護の漢字ことば』。

天坊千明
　　にほんごの会会員。「杉並でくらす外国人のためのにほんご教室」担当講師。著書に『新装版
　　いっぽにほんご　さんぽ　暮らしのにほんご教室　初級１・２』。執筆に『上下ルビで学ぶ
　　介護の漢字ことば』。

森　桂子
　　にほんごの会会員。東京都立国際高等学校講師。元「世田谷区外国人のための日本語教室」担
　　当講師。著書に『新装版　いっぽ　にほんご　さんぽ　暮らしのにほんご教室　初級２』。

翻訳
英語　　スリーエーネットワーク
中国語　徐前
韓国語　中村克哉
ベトナム語　レー・レ・トゥイ

イラスト
阿部朝子　袴田奈保子（協力）

装丁・本文デザイン
山田武

いっぽ　にほんご　さんぽ
暮らしのにほんご教室　初級３

2018年 9 月19日　初版第 1 刷発行
2025年 1 月24日　第 3 刷 発 行

著　者　　にほんごの会企業組合　宿谷和子　天坊千明　森桂子
発行者　　藤嵜政子
発　行　　株式会社スリーエーネットワーク
　　　　　〒102-0083　東京都千代田区麹町 3 丁目 4 番
　　　　　　　　　　　トラスティ麹町ビル 2 F
　　　　　電話　営業　03(5275)2722
　　　　　　　　　編集　03(5275)2725
　　　　　https://www.3anet.co.jp/
印　刷　　倉敷印刷株式会社

ISBN978-4-88319-776-7 C0081
落丁・乱丁本はお取替えいたします。
本書の全部または一部を無断で複写複製（コピー）することは著作権
法上での例外を除き、禁じられています。

スリーエーネットワークの日本語教材

■ 日本語教室で学ぶ外国人のための初級教材の続編

新装版 いっぽ にほんご さんぽ 暮らしのにほんご教室 初級1

にほんごの会企業組合、宿谷和子、天坊千明 ● 著
B5判 197頁 補助教材ダウンロード(音声・語彙リスト等)
※語彙リスト 英語・中国語・韓国語・ベトナム語訳付き
2,640円(税込) (ISBN978-4-88319-791-0)

新装版 いっぽ にほんご さんぽ 暮らしのにほんご教室 初級2

にほんごの会企業組合、宿谷和子、天坊千明、森桂子 ● 著
B5判 233頁 補助教材ダウンロード(音声・語彙リスト等)
※語彙リスト 英語・中国語・韓国語・ベトナム語訳付き
2,640円(税込) (ISBN978-4-88319-785-9)

いっぽ にほんご さんぽ 暮らしのにほんご教室 初級3

にほんごの会企業組合、宿谷和子、天坊千明、森桂子 ● 著
B5判 239頁 補助教材ダウンロード(音声・語彙リスト等)
※語彙リスト 英語・中国語・韓国語・ベトナム語訳付き
2,640円(税込) (ISBN978-4-88319-776-7)

■ 外国人の日本語学習をサポート

日本語 おしゃべりのたね 第2版

西口光一 ● 監修 澤田幸子、武田みゆき、福家枝里、三輪香織 ● 著
B5判 130頁+別冊(「ユニット1〜20」の活動の手引き、「日本語文法への入り口」活動の手引き)29頁
1,760円(税込) (ISBN978-4-88319-585-5)

■ 楽しく学習したい入門レベルの学習者に最適

日本語20時間 Now You're Talking!
— Japanese Conversation for Beginners —

宮崎道子、郷司幸子 ● 著
B5判 150頁+教師用手引き13頁 CD 1枚付
2,090円(税込) (ISBN978-4-88319-273-1)

スリーエーネットワーク ウェブサイトで新刊や日本語セミナーをご案内しております。
https://www.3anet.co.jp/

「いっぽ にほんご よんばん 初級2」までに習った漢字

一 ひと(つ)/イチ/イッ	うえ/あ(がる)/うわ/ジョウ 上	入 い(る)/はい(る)/ニュウ	玉 たま/ギョク	牛 うし/ギュウ	北 きた/ホク
二 ふた(つ)/ニ	下 した/さ(がる)/くだ(る)/か/ゲ	八 や(つ)/ハチ/ハッ	正 ただ(しい)/まさ/ショウ/セイ	南 みなみ/ナン	
三 みっ(つ)/サン	左 ひだり/サ	力 ちから/リョク/リキ	世 よ/セイ/セ	西 にし/セイ	
四 よっ(つ)/よん/シ	右 みぎ/ウ/ユウ	十 とお/と/ジュウ/ジッ	古 ふる(い)/コ	東 ひがし/トウ	
五 いつ(つ)/ゴ	中 なか/チュウ	大 おお(きい)/ダイ/タイ	市 いち/シ	方 かた/ホウ	
六 むっ(つ)/ロク/ロッ	小 ちい(さい)/こ/お/ショウ	天 あめ/テン	台 ダイ/タイ	母 はは/ボ	
七 なな(つ)/シチ	山 やま/サン	夫 おっと/フ/フウ	兄 あに/キョウ/ケイ	父 ちち/フ	
八 や(つ)/ハチ	川 かわ/セン	太 ふと(い)/タイ/タ	冬 ふゆ/トウ	子 こ/シ/ス	
九 ここの(つ)/キュウ/ク	田 た/デン	少 すく(ない)/すこ(し)/ショウ	台 ダイ/タイ	末 すえ/マツ/バツ	
十 とお/ジュウ	人 ひと/ジン/ニン	戸 と/コ	半 なか(ば)/ハン	休 やす(む)/キュウ	
百 ヒャク	小 ちい(さい)/ショウ	手 て/シュ	同 おな(じ)/ドウ	明 あか(るい)/あ(ける)/メイ	
千 セン	王 オウ	夕 ゆう/セキ	回 まわ(る)/カイ	時 とき/ジ	
早 はや(い)/ソウ	口 くち/コウ/ク	名 な/メイ/ミョウ	年 とし/ネン	間 あいだ/ま/カン/ケン	
音 おと/ね/オン	目 め/ま/モク	糸 いと/シ	自 みずか(ら)/ジ/シ	語 かた(る)/ゴ	
立 た(つ)/リツ	耳 みみ/ジ	字 あざ/ジ	気 キ/ケ	話 はな(す)/はなし/ワ	
本 もと/ホン	先 さき/セン	青 あお/セイ/ショウ	門 かど/モン	読 よ(む)/ドク/トク	
木 き/モク/ボク	生 い(きる)/う(まれる)/セイ/ショウ	赤 あか(い)/セキ/シャク	聞 き(く)/ブン/モン	車 くるま/シャ	
文 ふみ/ブン/モン	月 つき/ゲツ/ガツ	花 はな/カ	語 かた(る)/ゴ	南 みなみ/ナン	
犬 いぬ/ケン	日 ひ/び/ニチ/ジツ	草 くさ/ソウ	読 よ(む)/ドク	北 きた/ホク	
見 み(る)/ケン	火 ひ/カ	竹 たけ/チク	聞 き(く)/ブン		
五 いつ(つ)/ゴ	水 みず/スイ	虫 むし/チュウ	首 くび/シュ		
口 くち/コウ	木 き/モク	町 まち/チョウ	道 みち/ドウ		
校 コウ	金 かね/キン/コン	田 た/デン	顔 かお/ガン		
左 ひだり/サ	土 つち/ド/ト		雪 ゆき/セツ		

かんじ80

漢字（かんじ）105

書	か(く)　ショ	動	うご(く・かす)　ドウ
使	つか(う)　シ	開	あ(く・ける)　ひら(く)　カイ
歩	ある(く)　あゆ(む)　ホ/-ポ　ブ　フ	閉	し(まる・める)　と(じる)　ヘイ
作	つく(る)　サク/サッ-　サ	止	と(まる・める)　シ
立	た(つ・てる)　リツ　リュウ	駅	エキ
文	ブン　モン	電	デン
店	みせ　テン	急	いそ(ぐ)　キュウ
買	か(う)　バイ	道	みち　ドウ　トウ
売	う(れる・る)　バイ	乗	の(る)　ジョウ
肉	ニク	遠	とお(い)　エン　オン
魚	さかな/-ざかな　うお　ギョ	近	ちか(い)　キン
高	たか(い・める)　コウ	仕	つか(える)　シ　ジ
低	ひく(い・める)　テイ	事	こと/-ごと　ジ　ズ
安	やす(い)　アン	会	あ(う)　カイ　エ
新	あたら(しい)　あら(た)　にい　シン	社	やしろ　シャ/-ジャ
古	ふる(い)　コ	体	からだ　タイ　テイ
思	おも(う)　シ	重	おも(い)　かさ(ねる)　え ジュウ　チョウ
帰	かえ(る)　キ	長	なが(い)　チョウ
教	おし(える)　おそ(わる)　キョウ	多	おお(い)　タ
習	なら(う)　シュウ	少	すく(ない)　すこ(し)　ショウ
送	おく(る)　ソウ	地	チ　ジ
天	あめ　あま　テン	心	こころ　シン
気	キ　ケ	意	イ
雨	あめ　あま　ウ	味	あじ　ミ
風	かぜ　かざ　フウ　フ	頭	あたま　かしら　ズ　トウ　ト
空	そら　あ(く)　から　クウ	場	ば　ジョウ
自	みずか(ら)　ジ　シ	所	ところ/-どころ　ショ/-ジョ